I0657787

PREMIERE PARTIE

ÉTUDES

SUR LE

CODE PÉNAL

PAR

R. LAJOYE

AVOCAT A LA COUR D'APPEL

Nouvelle édition

SUIVIE D'UN APERÇU HISTORIQUE

SUR L'ORDONNANCE CRIMINELLE DE 1670

PARIS

A. DURAND ET PEDONE-LAURIEL, ÉDITEURS

Libraires de la Cour d'appel et de l'Ordre des avocats

G. PEDONE-LAURIEL, Successeur

13, RUE SOUFFLOT, 13.

1879

PRÉFACE

J'ai réuni ces études faites à différentes époques parce qu'elles visaient toutes au même but : protéger la société en régénérant les condamnés.

Jusqu'en 1875, les lois ont été coercitives, mais elles n'ont rien fait pour ramener au bien les coupables.

La société avait de grands avantages à entrer dans une nouvelle voie, non seulement parce qu'elle remplissait son devoir en introduisant la morale dans les prisons, mais parce que le péril social diminuera à mesure que le repentir deviendra, pour l'homme égaré, un moyen certain d'obtenir l'oubli de sa faute.

Si l'Assemblée nationale a donné un commencement de satisfaction aux réclamations répétées de ceux qui ont étudié le côté moral des prisons, il ne faut pas s'arrêter dans ce premier élan.

Non seulement la loi du 5 juin 1875 doit être appliquée partout, mais il y a d'autres réformes tout aussi importantes à introduire dans notre régime pénitentiaire, et il est utile de les rechercher. Tel est le but de ce petit livre.

TABLE

ERRATA

Page	ligne	au lieu de :	lire :
72	22	attribués,	attribuée.
87	16	moralisations,	moralisation.
166	6	produits,	produit.

PREMIÈRE PARTIE

DE LA MORALISATION DES CONDAMNÉS

Février 1868.

. . . . Adsit.
Regula, peccatis quæ pœnas irroget æquas;
Ne scutica dignum, horribili sectere flagello.

(HORACE, liv. 1", sat. III.)

Il faut une règle pour égaler le châtiment
au crime, et ne pas déchirer sous le fouet celui qui ne mérite qu'un coup de lanière.

(Traduction de J. LIEZ.)

CHAPITRE PREMIER

DE L'EMPRISONNEMENT AU-DESSOUS D'UNE ANNÉE

§ 1er.

Lorsque la société est obligée de sévir contre l'un des siens pour avoir méconnu les lois, doit-elle se contenter de le punir? Ne doit-elle pas, au contraire, diriger tous ses efforts vers un but plus élevé, à savoir, de ramener ce coupable au bien? Telle est l'idée qui présidera à l'étude de toute cette question.

Examinons le régime actuel des prisons, et nous nous demanderons ensuite si un homme, après avoir subi la peine qu'il avait méritée, rentrera dans la vie publique avec des sentiments de repentir, ou s'il n'aura pas plutôt descendu un nouvel échelon dans la voie du vice.

Tout individu, condamné à la prison pour moins d'une année, est envoyé dans une maison d'arrêt (Ordonn. du 2 sept. 1817).

Au-dessus d'un an, la peine doit être subie dans une maison de correction. Nous examinerons tout à l'heure si l'article 40 du Code pénal est exécuté à la lettre.

Occupons-nous d'abord des maisons d'arrêt.

Cette étude est de la plus grande importance : elle est *capitale*. L'homme qui a commis une première faute (souvent bien légère) sortira de la maison d'arrêt moralisé ou fatalement entraîné vers le vice. Tout dépend donc du régime auquel il sera soumis.

Que fait-on pour arriver à le sauver? Quel que soit le délit qu'il ait commis, cet homme se trouve dans un milieu dont il ne peut sortir que la rougeur au front. Mêlé au rebut de la société, coudoyé journellement par ces malheureux dans lesquels le sens moral est éteint, il les quitte, élève déjà digne de ses maîtres, devient bientôt maître lui-même et retourne tôt ou tard dans les prisons où il professe à son tour.

Exagération! direz-vous. Hélas! les dossiers judiciaires sont là pour prouver que nous sommes dans la vérité.

Mais admettons (ce qui n'est pas impossible) que parmi ces malheureux il se trouve un homme capable de lutter contre le vice qui l'assiège à tout instant. Il sort de prison repentant et honnête. Est-il sauvé? Erreur! Vers quelque endroit qu'il dirige ses pas, en quelque pays lointain qu'il se réfugie pour racheter sa faute par une vie exemplaire, cet homme peut toujours se trouver, un jour ou l'autre, face à face avec un misérable qui lui dira bien haut : « Nous sommes camarades de prison! »..... Et le passé qu'il avait effacé à la sueur de son front reparaîtra d'autant plus éclatant qu'on avait voulu le cacher avec plus de soin.

Ce tableau est triste assurément; mais il est une classe de condamnés plus à plaindre encore : les femmes.

Combien voit-on de jeunes filles qui viennent s'asseoir en pleurant sur le banc de la police correctionnelle? Revenant du travail, elles passaient devant un de ces riches étalages si bien faits pour éveiller la coquetterie : une pensée coupable s'empare de ces jeunes ouvrières, et l'imprudence blâmable du marchand leur permet de saisir quelque colifichet placé à la portée du premier venu. Mais leur inexpérience dans la vie les trahit, et elles sont traînées devant un tribunal pour s'entendre condamner à plusieurs mois d'emprisonnement.

Alors on les envoie dans une prison de femmes.

Il faut reconnaître, il est vrai, que ces prisons, Saint-Lazare par exemple, sont divisées en plusieurs catégories : il y a le quartier des jeunes filles, celui des prostituées, des femmes malades, des femmes condamnées par les tribunaux : en tout, quatre ou cinq catégories. Et ces ouvrières, qui en sont à leur première faute, tomberont dans l'un ou l'autre de ces quartiers! Elles y entraient avec leur honneur : elles en sortiront pour se vendre à celui qui voudra les acheter.

Faut-il parler de la femme mariée? Quant à elle, si la pensée de revoir son mari et ses enfants la soutient et lui permet de fermer l'oreille devant les conversations qui se tiennent autour d'elle, cette femme, en sortant de prison, ne s'en trouvera pas moins dans la même position que l'homme dont nous parlions tout à l'heure. A chaque pas qu'elle fera en dehors du domicile conjugal, elle tremblera, car une de ses anciennes compagnes de prison pourrait passer près d'elle et la reconnaître.

Par ces exemples, nous le voyons, la société punit, mais elle ne moralise pas.

§ 2.

Cet état de choses doit-il être maintenu; est-il impossible de le modifier?

Une seule objection peut être faite sérieusement (tant en matière criminelle qu'en matière correctionnelle) à des idées de réformes : c'est la question d'argent. Nous y répondrons brièvement pour ne pas revenir plus tard sur ce sujet.

Deux points de vue sont à considérer ici : la moralité et l'intérêt.

Pour la moralité, si les réformes à proposer pouvaient remplir le but demandé, c'est-à-dire, ramener au bien l'homme qui a commis une faute, ce résultat ne suffirait-il pas déjà pour que les dépenses nécessaires fussent votées par tout le monde?

Quant à l'intérêt, n'est-ce pas en première ligne celui de la société elle-même? Personne ne contestera que la tranquillité intérieure d'un pays dépend surtout de l'honnêteté et de la probité des hommes qui l'habitent ; que, par suite, si les crimes deviennent moins fréquents, la concorde n'en règnera que plus solidement parmi les citoyens de cette nation.

Que devient alors l'objection au point de vue financier?... L'homme le plus égoïste ne s'opposera jamais aux mesures qui protégeront son propre intérêt.

Du reste, hâtons-nous de le dire, ces réformes pourraient peut-être diminuer pendant un temps limité les revenus de l'État, mais certainement elles ne grèveraient pas le budget au point de rendre ce projet chimérique.

Examinons maintenant ces réformes. Pour les condamnations au-dessous d'une année, elles se réduisent à une principale : remplacer la prison par le *régime cellulaire*[1].

— C'est augmenter la rigueur de la loi, plutôt que de l'adoucir, répondra-t-on. Tout le monde sait en effet que la solitude est le châtiment le plus terrible qui puisse frapper un homme. —

D'accord, si le régime cellulaire consiste à enfermer un homme, pendant un an, entre quatre murs, sans qu'il puisse parler à qui que ce soit.

Aussi sommes-nous loin d'admettre un régime cellulaire aussi rigoureux.

Quel est le but de cette réforme, si ce n'est d'isoler les prisonniers les uns des autres? Mais, de là à les condamner au silence perpétuel, il y a un abîme.

Tout d'abord, il ne faut pas oublier que l'ar-

---

1. La loi du 5 juin 1875 a été votée dans le but d'accomplir cette réforme : malheureusement son application est encore trop restreinte, faute de prisons cellulaires.

ticle 40 du Code pénal oblige tout prisonnier à *travailler*.

Mais là aussi est la pierre d'achoppement, car nous rentrons malgré nous dans la question financière. Des ateliers existent dans les maisons centrales : il doit en être de même, ou à peu de chose près, dans les maisons d'arrêt. Ces ateliers sont à la charge d'entrepreneurs qui veulent bien accepter ce contrat avec l'État, mais à la condition toute naturelle d'avoir des hommes en quantité suffisante pour subvenir aux travaux. D'où la réunion dans un même atelier de ceux qui savent ou peuvent apprendre tel ou tel métier.

Est-il donc impossible ou trop onéreux pour l'État de trouver des travaux qui permettent aux prisonniers de s'occuper séparément les uns des autres? On obtiendrait ainsi l'isolement que nous demandions tout à l'heure.

Reste à examiner comment on pourrait adoucir le régime cellulaire au point de vue de l'isolement.

Quatre moyens se présentent sans difficulté. En première ligne, les aumôniers (dont le nombre peut être augmenté) ne se refuseront certainement pas à des visites fréquentes chez les prisonniers.

En second lieu, les entrepreneurs et les contremaîtres viendront examiner les travaux commandés.

3⁰ Les gardiens auront la permission de parler aux prisonniers.

Enfin 4°, les parents jouiront, comme aujourd'hui, de l'autorisation de voir les leurs.

Un cinquième moyen pourrait être proposé, et nous sommes persuadé que M. le ministre de l'Instruction publique ne le désapprouverait pas : des maîtres apprendraient à lire et à écrire à ceux qui n'auraient pas reçu d'éducation.

On voit qu'ainsi le silence devient une peine supportable et qu'un grand nombre d'individus le préféreraient encore à la vie commune qu'il leur faut accepter actuellement dans les prisons.

Une pareille réforme serait-elle inutile ? N'est-ce pas plutôt la seule route à suivre, *si la société veut sincèrement que la moralité existe dans les prisons ?*

Il n'est pas nécessaire d'insister plus longtemps sur ce sujet. Nous terminerons cependant en rappelant que, pour nous, cette mesure est la plus importante, car elle relèverait l'homme à sa première chute, tandis que, dans les questions que nous allons aborder, la position du coupable est plus grave, et bien plus difficile à changer[1].

---

1. Voir la quatrième partie (de la Récidive) au sujet du régime cellulaire.

CHAPITRE DEUXIÈME

DE LA PRISON AU-DESSUS D'UN AN. — DE LA
RÉCLUSION.

§ 1er.

L'emprisonnement est une peine correctionnelle; la réclusion, une peine afflictive et infamante; et cependant ces deux peines se trouvent
ici réunies sous le même titre. L'homme, puni de
la prison, a commis un délit; l'homme, condamné
à la réclusion, s'est rendu coupable d'un crime.
L'un, après avoir subi sa peine, aura payé sa
dette entière à la société; l'autre, frappé de la dégradation civique, restera sous la surveillance de
la haute police. La loi pénale avait établi une
différence bien nette entre ces deux condamnés;
les lois administratives les réunissent dans une
même prison : ces hommes subiront tous deux
leur peine dans une maison centrale.

Étudions rapidement le régime des maisons
centrales; nous rechercherons ensuite, comme
précédemment, si le but moral est atteint.

Les premières lignes de ce chapitre suffiraient
pour indiquer le côté dangereux des maisons cen-

trales. Un exemple montrera plus clairement la nécessité de réformes promptes.

Un homme est condamné à treize mois de prison pour un délit; on l'envoie dans une maison centrale. Là il est placé dans un de ces ateliers dont nous parlions plus haut. L'article du Code pénal qui l'a frappé pouvait être le même que celui qui enverra un de ses semblables dans une maison d'arrêt : la durée de la peine seule établit entre eux une différence. Et cette différence est grande. En effet, ce malheureux, qui débute peut-être dans la carrière du mal, aura pour compagnons de travail des hommes condamnés à la réclusion, quelquefois même des criminels qui ne doivent qu'à leur âge avancé de ne pas aller à Cayenne[1].

Il est perdu, mais il pourra dire à la société : « C'est vous qui m'avez conduit à ma perte! »

Il en est de même pour les femmes : le tableau serait aussi navrant; il est inutile de s'y arrêter.

Nous verrons, dans un instant, quelles réformes peuvent être faites dans l'intérêt de cette classe de prisonniers.

Mais auparavant il nous faut parler des hommes condamnés à la réclusion.

Ici l'indulgence fait place à la pitié : une sépa-

---

1. D'après la loi du 30 mai 1854, § 5, la peine des travaux forcés ne peut être prononcée contre aucun individu âgé de plus de soixante ans; elle est remplacée par la *réclusion*.

ration bien tranchée existe moralement entre celui qui commet un délit et celui qui se rend coupable d'un crime. Le premier était nuisible; le second est dangereux. Les législateurs l'avaient bien compris, lorsqu'ils proposèrent la peine de la réclusion : peine terrible et redoutée par les criminels au point qu'ils préféreraient souvent partir pour Cayenne!

Renfermés d'abord, pendant cinq années au moins, dans une maison centrale, condamnés au silence, travaillant à contre-cœur, leur seule distraction consiste dans les promenades qu'ils font de temps en temps dans les cours de la prison.

Nous avons été témoin de ce genre de récréation. Plusieurs centaines d'hommes rangés militairement suivent tristement une ligne désignée d'avance : le silence n'est rompu que par le bruit sonore des sabots qui frappent sur le pavé. Les gardiens sont là, les sentinelles veillent, et la promenade continue monotone, et troublée rarement par le murmure de quelque parole prononcée à voix basse pendant qu'un gardien a le dos tourné d'un autre côté.

Telle est, en principe, la seule récréation accordée à tout homme enfermé dans une maison centrale.

Mais là ne s'arrête pas la punition. Lorsque les portes de la prison s'ouvrent enfin devant un de ces malheureux, le gouvernement l'arrête sur le seuil et lui dit : « Ta résidence sera telle ou telle ville! » Que cet ordre l'arrache à sa famille, qu'importe? Il faut qu'il marche et qu'il se hâte. Arrivé au lieu de sa résidence, il y végète misérablement, désigné à tous par la peine infamante de la dégradation civique. Abandonné, méprisé, poursuivi par le désir de revoir le pays natal, il ne tarde pas à rompre son ban, et alors il retombe dans les prisons, bien heureux s'il n'est pas condamné à la transportation. (Décret du 8 décembre 1851.)

S'il parvient au contraire à vivre dans la résidence désignée, il ne lui en faudra pas moins ne jamais oublier qu'il est sous la surveillance de la haute police.

On peut comprendre maintenant pourquoi des condamnés préfèrent Cayenne : là, du moins, et nous le verrons dans le chapitre suivant, le forçat jouit d'une liberté limitée.

§ 2.

L'examen de la peine de la réclusion nous a éloignés pour un instant de l'étude des réformes qui concernent les hommes condamnés à la prison pour plus d'une année. Voyons ce qui pourrait être fait en faveur de cette classe de prisonniers.

Avant tout, il faudrait les séparer des condamnés à la réclusion. La loi s'exprime très clairement lorsqu'elle déclare que les individus condamnés à la prison subiront leur peine dans une *maison de correction,* tandis que ceux condamnés à la réclusion seront renfermés dans une *maison de force.*

La maison de force, c'est évidemment la maison centrale actuelle; quant aux maisons de correction, si elles existent, elles n'ont pas été (du moins jusqu'à ce jour) destinées à recevoir les condamnés à la prison. Nous n'ignorons pas qu'il a été question dernièrement de construire à Paris de ces maisons de correction : cette réforme prouverait déjà que nos réclamations sont justes. Mais ce premier élan ne suffit pas : il faudrait que la même mesure fût prise dans toute la France. Pour cela, du reste, il est inutile, au moins provisoirement, d'élever partout de nouvelles prisons : quel obstacle insurmontable s'opposerait à un échange de prisonniers entre deux maisons. A Melun, par exemple, il y a une maison centrale ; Poissy, de son côté, possède une prison semblable : dans les deux maisons, il y a des hommes condamnés les uns à la prison, les autres à la réclusion : Pourquoi ne pas destiner exclusivement la première de ces prisons aux uns, et la seconde aux autres [1] ?

Cette réforme serait juste et procurerait une division indispensable à tous les points de vue.

Quant au régime cellulaire, peut-on l'appliquer ici comme pour les peines inférieures à un an?

1. Cette mesure est en voie d'exécution.

En principe, nous pensons que cette espèce d'isolement, qui ne peut être que profitable pendant
un temps restreint, pourrait devenir une peine
trop sévère si la durée en était prolongée pendant
plusieurs années.

Du reste, les prisonniers dont nous nous occu-
pons ici sont moins intéressants déjà que ceux qui
ont été condamnés à moins d'une année de prison.
En général, les magistrats avertissent plusieurs
fois un homme avant de le frapper de la prison
pour plus de douze mois; car ils n'oublient pas,
dans leur sagesse, que cette dernière peine non
seulement conduit aux maisons centrales, mais
encore qu'elle fait entrer le condamné dans la
classe des récidivistes.

La seule réforme proposée serait donc l'établissement de maisons de *correction* dans toute la
France.

On pourrait cependant présenter une exception
à l'abandon du régime cellulaire, en faveur de
l'homme, sans antécédents judiciaires, condamné
pour la première fois à plus d'un an de prison.
Mais ce serait, bien entendu, au tribunal et non
à l'administration, que serait réservé le droit d'envoyer le condamné soit dans une maison d'arrêt,
soit dans une maison de correction.

Reste à examiner si des modifications pourraient
être présentées dans l'intérêt des individus condamnés à la réclusion.

Quant au régime intérieur des maisons centrales, le sort des prisonniers dépend surtout des directeurs. L'année dernière, l'administration a perdu un homme de mérite [1], qui était parvenu à adoucir la triste existence d'un grand nombre de prisonniers, en fondant un *orphéon* dans la maison qu'il dirigeait. En peu de temps, les résultats obtenus avaient été des plus satisfaisants. Nous ignorons si, depuis sa mort, cette mesure a été maintenue.

C'est un exemple; il serait à souhaiter qu'il fût suivi.

Mais si les réformes sont difficiles pendant l'accomplissement de la peine, plusieurs modifications pourraient rendre supportable la surveillance de la haute police à la sortie de prison.

En premier lieu, il serait humain de rétablir l'article 44 du Code pénal tel qu'il existait avant le décret du 8 décembre 1851. Alors le condamné avait au moins le droit de choisir sa résidence où bon lui semblait, sauf certaines exceptions.

En second lieu, il faudrait modifier l'article 47 du même Code, en limitant la durée de la surveillance à un certain nombre d'années, après lesquelles les anciens condamnés seraient seulement obligés de se conformer à la loi du 9 juil-

---

1. M. Marcelin Liabastres, directeur de la maison centrale de Melun.

let 1852 (Interdiction du séjour à Paris et à Lyon).

Par cette mesure, une différence équitable serait établie entre les suites d'une condamnation à la réclusion et les suites d'une condamnation aux travaux forcés : ce qui n'existe pas actuellement[1].

1. Aujourd'hui, la condamnation à la surveillance est facultative et ne peut dépasser vingt années.

CHAPITRE TROISIÈME

DES TRAVAUX FORCÉS.

§ 1er.

La loi du 30 mai 1854 a modifié d'une manière considérable, non seulement la peine des travaux forcés, mais encore les conséquences de cette peine.

Actuellement, en effet, *tout* individu condamné aux travaux forcés subit sa peine dans une des colonies françaises autres que l'Algérie. S'il a été condamné à moins de *huit* années, il lui faut, à l'expiration de sa peine, résider dans la colonie pendant un temps égal à la durée de sa condamnation. Au-dessus de huit années, le retour en France lui est interdit à tout jamais.

Une différence des plus importantes existe donc entre la condamnation à *sept* années de travaux forcés et celle à *huit* années de la même peine, d'un côté, l'exil temporaire ; de l'autre côté, l'exil perpétuel.

Mais si la loi a rendu l'exécution de cette peine plus sévère, en ce sens qu'elle ordonne l'envoi à Cayenne pour toute condamnation aux travaux forcés, d'un autre côté, le sort des forçats est comparativement moins rigoureux dans les colonies que dans les bagnes de France. Il suffit qu'un forçat mène une conduite satisfaisante, pour que, même avant l'expiration de sa peine, il obtienne une concession de terrain : ce qui lui permet de vivre en plein air et de travailler de bon cœur, puisque la concession peut devenir définitive à l'expiration de la peine.

Remarquons, en passant, que les seules différences vraiment importantes qui existent aujourd'hui entre les condamnés à perpétuité et les individus condamnés à plus de sept années, consistent : 1° dans l'exercice des droits civils ou de quelques-uns de ces droits, accordé aux forçats libérés et résidant dans la colonie ; 2° dans l'autorisation de disposer de tout ou partie de leurs biens.

Examinons maintenant, si la loi de 1854 est à l'abri de toute critique.

§ 2.

L'indulgence doit faire place à la pitié, disions-nous en parlant du régime des maisons centrales ; mais lorsque nous abordons la question des travaux forcés, ce n'est plus l'indulgence ou la pitié qu'il faut invoquer : la tranquillité des citoyens oblige ici à des mesures de prudence pleines de sévérité, il est vrai, mais nécessaires.

La loi du 30 mai 1854, en éloignant les forçats de leur patrie, a rendu la sûreté publique plus certaine : mais, par cet exil même, elle a permis à ces malheureux de rentrer dans la bonne voie. Après leur libération, en effet, les forçats peuvent vivre heureux dans les colonies, ce qui était difficile, lorsque le retour en France était encore possible : là-bas, ils jouissent, malgré l'interdiction légale, d'une partie de leurs droits civils, et deviennent de véritables propriétaires; en France, au contraire, l'interdiction légale était maintenue dans toute son intégrité, et le souvenir du passé fermait le plus souvent toute espérance de ressources pour l'avenir. Cette loi a donc amené dans la pénalité des modifications de nature à moraliser les coupables.

Nous lui ferons un seul reproche : par la loi du 3 juin 1854, la dégradation civique et l'interdiction légale ont remplacé la mort civile. Sous bien des rapports cette abolition ne peut être qu'approuvée : mais, suivant nous, un des résultats de la mort civile aurait dû être maintenu à l'égard des condamnés à plus de sept années de travaux forcés; nous voulons parler de la dissolution du mariage.

Et, en effet, la loi exile à tout jamais de France

cette classe de forçats ; par cette mesure, elle frappe non seulement le coupable, mais encore l'innocent, souvent même la victime. Voici un exemple : un homme a voulu tuer sa femme ; celle-ci survit à ses blessures. Quel résultat naîtra d'une condamnation aux travaux forcés ? Le meurtrier partira pour les colonies, la femme demeurera en France, il est vrai, mais elle restera liée pour toujours à son assassin.

Si donc la dissolution du mariage est une mesure discutable au point de vue général, elle est non seulement utile, mais conforme à la raison, lorsqu'il s'agit d'une condamnation par suite de laquelle la loi ne devrait pas laisser civilement unis ceux qui sont matériellement et à tout jamais désunis.

Au surplus, si l'on veut respecter le dévouement qui ferait préférer à quelques-uns le maintien du mariage en pareil cas plutôt que sa dissolution, rien n'empêcherait de ne rompre ces liens que sur la demande expresse de l'époux non condamné.

Ainsi, la perte d'un misérable n'entraînerait plus forcément le déshonneur d'un innocent ; et une nouvelle union pourrait faire oublier à la victime les jours malheureux du premier mariage. Telle est, pour les travaux forcés, la seule réforme qui nous paraisse digne d'examen.

CHAPITRE QUATRIÈME

DE LA PEINE DE MORT [1]

La peine de mort est, depuis longtemps, le sujet de discussions qui ont divisé l'opinion publique en deux camps bien distincts : les uns demandent la suppression, les autres le maintien de la peine capitale. Des deux côtés les arguments seraient dignes d'un examen attentif que ne comporte pas le plan modeste de cette brochure : nous examinerons seulement quelques-unes des considérations qui peuvent venir à l'appui de chacun de ces deux systèmes, au sujet de l'*utilité*, de la *moralité* et de la *légalité* de la peine de mort.

Les partisans de l'abolition de la peine capitale considèrent cette peine comme *inutile, immorale, illicite.*

Inutile.... Mille moyens, en effet, sont offerts à la société pour dompter l'homme le plus dangereux et rendre sa rage impuissante : il n'est pas nécessaire de faire périr ce misérable pour arriver à protéger la vie des autres citoyens. Plusieurs

---

1. Nous ne parlerons ni de la détention, ni de la déportation, peines essentiellement politiques ; cette étude nous entraînerait trop loin de notre sujet.

peuples déjà ont remplacé la peine de mort par l'emprisonnement perpétuel dans un cachot dont il est *impossible* de s'évader. La peine de mort est encore inutile comme *exemple :* les exécutions, jusqu'à ce jour, n'ont pas empêché les assassins d'avoir des élèves aussi nombreux que leurs maîtres.

Ctte peine est *immorale*...., par rapport au condamné qui n'a pas le temps nécessaire pour se repentir ; et aussi par rapport au peuple pour lequel l'échafaud est un spectacle honteux.

Elle est *illicite*.... A Dieu seul appartient le droit de détruire ce qu'il a créé.

Les partisans de l'opinion adverse répondent que la peine de mort est au contraire *nécessaire, morale* et *licite*.

Elle est *nécessaire,* en premier lieu parce qu'il n'y a pas de prison dont on ne puisse s'évader ; et en second lieu parce qu'elle est un *exemple,* exemple nécessaire, car il y a des hommes assez corrompus pour ne plus craindre qu'un châtiment : la mort.

Elle est *morale*...., surtout pour la société : car tout citoyen, sachant que la loi le vengera, a confiance en elle et ne cherche pas à se rendre justice lui-même ; le contraire arriverait infailliblement si l'assassin, protégé par la loi, était assuré d'avance d'avoir la vie sauve.

Quant au temps laissé au condamné pour se

repentir, la durée en est suffisante pour celui qui regrette réellement sa faute; mais elle sera toujours trop courte, quelque délai qu'on lui accorde, pour le criminel endurci.

Enfin la peine de mort est *licite.* La société use là du droit de légitime défense : attaquée par celui qui a méconnu le premier que Dieu devrait seul avoir le droit de vie et de mort, elle ne fait qu'opposer la force à la force, elle frappe pour ne pas périr elle-même.

Ces considérations suffisent pour apprécier l'idée première qui a dirigé les partisans de chacun des deux systèmes dans une voie différente. Pour ceux qui veulent l'abolition de la peine de mort, c'est « le respect de la vie humaine, même au détriment de la société. » Pour les autres, c'est « la protection de la société, au prix de l'existence de quelques coupables. »

L'abolition de la peine capitale paraît, à première vue, plus morale que le maintien de cette peine; mais il est malheureusement évident pour tout homme qui a pu examiner de près le degré de dépravation de certaines natures, que, si la suppression de la peine de mort est une théorie digne d'un peuple civilisé, la pratique n'en est pas possible [1], parce que, pour sauver la tête d'un

1. Le grand-conseil du canton de Fribourg vient de rétablir la peine de mort, abolie depuis vingt ans.

assassin, la loi mettrait en danger la sécurité de tout un peuple. En effet, l'homme peut descendre assez bas dans le vice pour défier la société par les crimes les plus épouvantables, et la société serait vaincue, si, par l'abolition de la peine de mort, elle se trouvait privée de l'arme qui peut seule arrêter le bras de l'assassin.

Hâtons-nous d'ajouter que s'il faut, en droit, maintenir la peine de mort, il est permis à ceux qui doivent appliquer la loi de se montrer humains jusqu'aux dernières limites. Le jury, par les circonstances atténuantes, peut *toujours* écarter la condamnation capitale. Bien plus, si l'accusé a paru indigne de pitié, cet homme cependant n'est pas encore perdu : il lui reste une espérance qui devient souvent une réalité; car sa vie est dans les mains du souverain, et le souverain a le droit de grâce.

Ainsi nous sommes loin de demander l'abolition de la peine de mort : nous considérons cette peine comme un mal nécessaire.

La seule réforme à désirer dans l'intérêt de la morale aurait rapport à l'accomplissement de la sentence. Quoi de plus triste que ces exécutions publiques! La foule se rue sur l'échafaud pour mieux voir couler le sang, et le condamné meurt en blasphémant pour jouer un rôle digne des applaudissements de pareils spectateurs.

Cette immoralité disparaîtrait, si les exécutions

avaient lieu dans l'intérieur des prisons, et devant un public peu nombreux.

RÉSUMÉ

Dans ce rapide exposé de la pénalité actuelle, nous n'avons pas eu la prétention de donner comme faciles les réformes que nous soumettons à l'appréciation d'hommes plus pratiques que nous en pareille matière : notre but tendait seulement à établir que les peines actuelles, loin de moraliser les coupables, les poussent plus avant dans la mauvaise voie, et que le régime des prisons peut subir d'importantes modifications qu'il ne faudrait pas, dès le premier abord et sans examen, déclarer impossibles.

Ces modifications, telles que nous les avons proposées dans le cours de cette étude, peuvent se résumer ainsi :

Pour la prison au-dessous d'une année, établissement du régime cellulaire dans les maisons d'arrêt ;

Pour la prison au-dessus d'une année, création dans toute la France de maisons de correction ;

Pour la réclusion, maintien des maisons de force,

dites maisons centrales, et modification de la surveillance de la haute police;

Pour les travaux forcés au-dessus de sept années, dissolution facultative du mariage;

Pour la peine de mort, exécution des condamnés dans l'intérieur des prisons [1].

De pareilles réformes n'offrent pas des obstacles insurmontables.

La sévérité des lois pénales avait été considérablement diminuée par le Code Napoléon. La loi du 28 avril 1832, par l'admission des circonstances atténuantes en matière criminelle, apporta un nouveau progrès dans l'adoucissement des peines. Il appartiendrait aux législateurs actuels de continuer ce mouvement d'humanité et de surpasser leurs prédécesseurs en dirigeant tous leurs efforts vers un but plus élevé : « Défendre la société, mais en même temps moraliser les coupables. »

Pour arriver à ce résultat, nous le disions au début et nous le répétons en terminant, il faut, avant tout, arrêter le mal à sa naissance : l'homme qui a commis une première faute rentrera certainement dans la bonne voie, si la prison devient pour lui un lieu d'expiation et aussi de moralisation, au lieu de rester, ce qu'elle est aujourd'hui, un foyer de corruption!

1. Un projet de loi sur cette dernière question et sur l'abolition de l'art. 13 du Code pénal vient d'être présenté à la chambre des députés.　　(Avril 1879.)

DE LA PRÉMÉDITATION

DANS LE PARRICIDE ET DANS L'INFANTICIDE

1875.

___

§ 1ᵉʳ.

LES JURYS ET LA LOI.

Les verdicts des jurys français sont souvent critiqués par le public et par la presse, et cependant le jury, dans les questions *de fait,* est peut-être la meilleure magistrature instituée à notre époque.

En effet, le juré, ce citoyen pris parmi ses pairs pour devenir un juge temporaire, a sur le juge ordinaire une grande supériorité pour examiner une question criminelle[1]. Il n'a pas pour les accusés cette indifférence involontaire qui est la consé-

___

1. Les affaires correctionnelles ne sont pas soumises à l'appréciation des jurys : la question a été étudiée, mais n'est pas encore résolue au point de vue pratique.

quence forcée de l'exercice prolongé des fonctions
judiciaires. Pour le juré, l'homme qu'il va juger
est son égal ; comme lui cet homme qu'on accuse
n'a cédé peut-être qu'à un moment de faiblesse
que le monde considérerait comme une faute, mais
que la loi met au rang des crimes.

Et alors le juré, qui n'est pas lié comme le magistrat par l'application rigoureuse de la loi, le
juré, qui ne relève que de sa conscience, juge en
homme; et souvent il fait ce que la loi ne permet
pas au magistrat : il pardonne.

Le juré a encore un autre motif pour rendre
quelquefois des verdicts que désapprouve l'opinion
publique, c'est qu'il ne trouve pas la peine pro-
portionnée à la faute. — Mais j'entends déjà
l'objection qui m'est faite : « En admettant que
la peine soit trop sévère, qu'importe au juré? La
loi lui impose le devoir de juger le fait sans avoir
à se préoccuper des conséquences du verdict au
point de vue de la sanction pénale. »

En théorie, on peut admettre qu'un homme fasse
ainsi abstraction de toute préoccupation au point
de répondre affirmativement ou négativement sur
une question de fait sans voir plus loin. Mais, dans
la pratique, lorsque la scène se trouve transportée
devant une cour d'assises avec l'appareil imposant
de la justice, lorsque le juré, après avoir assisté
à cette lutte passionnée, rentre dans la salle des
délibérations, il est, lui aussi, profondément im-

pressionné : ce n'est plus alors ce juge impassible qui doit frapper, les yeux fermés. Il s'enquiert des conséquences que pourront avoir ses verdicts, il veut bien punir, mais il veut aussi savoir comment il punira. Or, il arrive souvent que la loi, suivant lui, est trop rigoureuse, et, lorsque la conscience d'un juré est ainsi disposée, c'est un verdict d'acquittement qu'il prononce, verdict regrettable puisqu'il rend un coupable à la liberté.

Le public discute ce jugement, et c'est le jury qui est le but de toutes les attaques. C'est ainsi qu'on a vu manier et remanier les lois sur les jurys : on choisissait des hommes différents, on obtenait des résultats exactement semblables.

C'est que le mal n'est pas là. Loin de moi la pensée d'attaquer notre législation! Nos lois s'appuient sur des principes excellents, mais il faut qu'elles marchent avec le progrès. Plus la civilisation avance, plus les lois doivent se perfectionner.

Quelles sont les améliorations qui ont été apportées à notre droit criminel depuis le commencement du siècle? Vous trouverez, en 1832, l'admission des circonstances atténuantes qui sont un premier avertissement des jurys aux législateurs : car les circonstances atténuantes ont été introduites dans le Code parce que déjà les jurés refusaient d'appliquer des lois qu'ils trouvaient trop sévères. Il y a encore l'abolition de la peine de

mort en matière politique, et puis c'est à peu près
tout. On a fait des lois nouvelles, mais les lois anciennes ne sont pas améliorées. Est-ce parce que
le système actuel est au-dessus de la critique? Le
contraire nous est démontré par ces verdicts que
je regrettais à l'instant. Il y a donc des améliorations à introduire : il y en aura toujours à faire.

Je n'examinerai dans cette étude que la peine
la plus grave, celle qui préoccupe à juste raison
les jurés plus que toutes les autres, la peine de
mort.

Je n'ai pas l'intention de reprendre les discussions qui se sont élevées à ce sujet. J'ai déjà dit
autre part que l'application de cette peine suprême
était un droit et un devoir pour la société. Je
prendrai donc la loi telle qu'elle est et j'examinerai
seulement si, dans certains crimes qui entraînent
la condamnation à mort, il n'y a pas des *nuances*
qui ont été mises de côté jusqu'à ce jour, et qui,
une fois admises, permettraient aux jurys de faire
meilleure justice.

Ce n'est pas l'adoucissement des peines que je
recherche principalement ici, c'est la juste application de la loi.

Ces nuances, en grande partie, ont été négligées
parce que les principes établis pour juger l'homicide volontaire ont été écartés lorsqu'il s'agit de
crimes plus grands encore, du parricide et de
l'infanticide.

Les nuances, dans l'homicide ordinaire, résultent des circonstances aggravantes ou atténuantes, et, au premier chef, de la *préméditation*. Or, la question de préméditation n'est jamais posée quand il y a meurtre ou assassinat d'un enfant nouveau-né. Est-ce à tort ou à raison? Là est toute la question que je veux examiner.

§ 2.

DE LA PRÉMÉDITATION.

Qu'est-ce que la préméditation?. C'est le dessein préconçu de faire tel ou tel acte. Agir sans préméditation, c'est obéir à un premier mouvement, qu'il soit bon ou mauvais.

Un homme a des motifs de haine contre un de ses semblables; il prépare sa vengeance; il la met à exécution lorsqu'il trouve une occasion favorable : cet homme a prémédité le crime qu'il commet. C'est au contraire dans un moment subit de colère qu'il a frappé; il agit alors sans préméditation.

Aussi nos lois ont-elles établi une distinction entre le meurtrier, celui qui tue sans préméditation, et l'assassin, celui qui prémédite son crime. Celui-ci est puni de mort, celui-là des travaux

3

forcés à perpétuité, sauf au jury à tempérer la
rigueur de la loi par l'admission des circonstances
atténuantes.

Cette distinction est-elle juste? Faut-il admettre
avec la loi que l'homme qui commet un homicide
volontaire est plus ou moins coupable, suivant
qu'il a ou non prémédité son crime.

Cette distinction est sage parce qu'elle est
essentiellement humaine. Il n'est pas nécessaire
d'avoir étudié longtemps notre nature pour reconnaître qu'il y a de ces passions violentes, instan-
tanées, contre lesquelles la lutte serait impossible
si nous n'appelions pas à notre aide tout ce que
nous avons d'énergie pour rester les esclaves du
devoir.

C'est faute de cette énergie qu'un homme peut
succomber, et, dans un moment de défaillance,
commettre un meurtre.

Cet homme est coupable assurément, mais peut-
on le comparer à l'assassin? Celui-ci n'est pas
sous le coup de la surprise : il est calme; il mûrit
froidement son projet coupable : le temps ne lui
manque pas pour retourner en arrière. Il n'en
fait rien et marche lentement, mais sûrement vers
son but. Il n'y a pas de comparaison à faire entre
ces malheureux.

Les législateurs ont donc agi sagement en admettant une distinction entre le meurtre et l'assassinat. Mais puisque ce principe était bon, pour-

quoi l'avoir abandonné tout à coup lorsqu'il a fallu étudier des crimes plus grands, les crimes *atroces*, comme les appelaient nos pères?

Nous ne sommes plus au temps des Grecs qui n'avaient pas édicté de peine contre le parricide, ne pouvant pas supposer qu'un homme se rendît coupable d'un crime aussi épouvantable. Soyons plus réalistes, mais soyons justes.

Hélas! oui, les crimes les plus atroces trouveront toujours des monstres pour les commettre, mais encore faut-il rechercher si l'on ne doit pas maintenir pour eux les principes que nous reconnaissions équitables tout à l'heure pour les meurtres ordinaires. Les nuances disparaissent-elles parce que le crime est plus grand?

Avant d'aller plus loin, je reconnais tout d'abord qu'il y a deux classes de crimes entraînant la peine capitale qu'il faut laisser de côté : c'est l'incendie d'une maison habitée et l'empoisonnement. Dans l'un et l'autre de ces crimes la préméditation est, pour ainsi dire, *nécessaire*. On s'explique difficilement un incendie ou un empoisonnement sans préméditation. Ce n'est pas dans un moment de colère que l'on peut mettre le feu : des préparatifs même rapides sont nécessaires. Dans l'empoisonnement, il faut se procurer du poison; en aurait-on à sa disposition, il faut le verser, préparer le breuvage. « La volonté de donner la mort par le poison suppose implicitement la préméditation; car l'exécution du crime exige des préparatifs et des combinaisons qui révèlent un dessein réfléchi. » (F. Hélie, p. 495.)

Laissons donc de côté ces deux classes de crimes d'une nature spéciale, et arrivons au parricide et à l'infanticide.

§ 3.

DU PARRICIDE.

Art. 299. « Est qualifié parricide le *meurtre* des père et mère légitimes, etc..... » Le parricide est l'un des plus grands crimes qu'on puisse commettre, et les législateurs, jusque dans ces derniers temps, n'avaient pas voulu modifier l'art. 13. En 1832 seulement a été supprimé le paragraphe qui condamnait l'homme coupable de parricide à avoir le poignet tranché avant d'être exécuté. Il reste encore, il est vrai, le voile noir et la lecture de l'arrêt au pied de l'échafaud : ce sont les derniers vestiges de la torture; il faudrait aussi les rayer de nos codes. Quel que soit le crime, la société s'abaisse si elle paraît vouloir lutter de cruauté avec son ennemi vaincu : la mort du coupable est déjà une nécessité assez terrible. Effaçons donc tout ce qui peut rappeler le moyen-âge et ses bourreaux.

Mais si justice doit être faite, il faut rester dans les limites du droit, quelque répugnant que soit le sujet qui nous occupe. Or, dans le crime de parricide, les législateurs n'ont écouté que leur cœur, et ils ont abandonné la distinction admise dans les crimes ordinaires au sujet de la préméditation.

Il suffit de lire les premiers mots de l'art. 299 pour constater cette lacune. En effet, l'article parle du *meurtre* de père et mère et ne dit rien de l'assassinat : la peine est la même dans les deux cas, résultat aussi injuste dans le parricide qu'il le serait dans l'homicide ordinaire.

La question aggravante de préméditation devrait donc être posée pour le crime de parricide.

Je sais bien qu'il serait regrettable de réunir tous les crimes dans le même article en les frappant de la même peine. Il faut que le parricide soit puni plus sévèrement que l'homicide ordinaire. Ce n'est plus alors qu'une question de graduation dans les peines, question facile à résoudre, au moins au point de vue des circonstances atténuantes.

Plusieurs modifications pourraient être proposées. Rien n'empêcherait, par exemple, de dire à l'art. 463, que la peine ne sera plus abaissée que d'un degré lorsque l'accusé, reconnu coupable du

crime de parricide (avec ou sans préméditation),
aura obtenu des circonstances atténuantes, ce qui
donnerait le tableau suivant :

Parricide avec préméditation. . . . . . . | Peiné de mort.

Parricide avec préméditation, mais avec (Travaux forcés
  circonstances atténuantes . . . . . . (à perpétuité.

Parricide sans préméditation. . . . . . { Travaux forcés
                                         (à perpétuité.

Parricide sans préméditation, mais avec (Travaux forcés
  circonstances atténuantes . . . . . . (à temps.

  Pour l'homicide ordinaire les peines sont celles-
ci :

Homicide volontaire avec préméditation. | Peine de mort.

Assassinat avec circonstances atténuantes

1er *degré :*
Travaux forcés
à perpétuité.
2^c *degré :*
Travaux forcés
à temps.

Homicide volontaire sans préméditation. { Travaux forcés
                                         (à perpétuité.

Meurtre avec circonstances atténuantes.

1er *degré :*
Travaux forcés
à temps.
2^c *degré :*
Réclusion.

Si nous comparons ce tableau à la loi actuelle,

nous trouvons dans notre système moins de sévérité pour le meurtrier; mais l'assassin sera puni plus rigoureusement. En effet, avec le Code, la peine pour le parricide *prémédité* ou *non* peut descendre jusqu'aux travaux à temps; dans notre projet, le parricide prémédité est puni au *minimum* des travaux forcés à perpétuité, tandis que le parricide sans préméditation reste frappé des travaux forcés à temps lorsqu'il y a des circonstances atténuantes.

Cette différence de pénalité établie entre le meurtre et l'assassinat serait plus juste, bien que la peine de mort soit supprimée en cas de parricide non prémédité.

Il peut y avoir d'autres systèmes à présenter : j'en ai cité un pour établir que la graduation est encore possible dans les peines, lors même qu'on arrive au dernier échelon du crime.

Mais je crois ce triste chapitre suffisamment examiné, et j'arrive de suite à l'étude d'un crime qui fait des victimes plus nombreuses, je veux parler de l'infanticide.

§ 4.

DE L'INFANTICIDE.

C'est ici que le rôle des jurys devient une lourde tâche à remplir. Si l'enfant est digne de toute leur protection, l'accusée est souvent elle-même l'objet de la pitié. Nous voyons fréquemment des jurés acquitter des femmes qui avouent leur crime.

Et cependant ces jurés sont honnêtes, mais la peine suspendue sur la tête de la mère les effraie, et ils ne trouvent pas toujours le châtiment proportionné au crime, parce qu'il est rare de pouvoir atteindre le séducteur, véritable complice.

Au commencement du siècle, les verdicts d'acquittement devenaient tellement nombreux, qu'en 1824 il fallut modifier le Code. Il fut dit, dans l'art. 25 de la loi du 25 juin 1824, que la peine de mort, pour la mère *seule*, pourrait être réduite à la peine des travaux forcés à perpétuité. En 1832, l'admission des circonstances atténuantes confirma ce progrès, sans cependant abolir la peine de mort pour l'infanticide, car, en même temps que la loi du 28 avril 1832 était votée, un amendement proposant de punir l'infanticide de la détention perpétuelle était rejeté.

Ce n'était pas, du reste, la première fois que ce crime occupait l'attention des jurisconsultes. Dans les siècles précédents l'infanticide avait été rangé, comme à Rome, dans la classe des parricides [1]. Mais les idées se modifièrent peu à peu, et dans

1. Henri II, février 1556. — Henri III, 1586, Louis XIV, 25 février 1708.

le Code pénal de 1791, l'infanticide rentrait dans la classe des crimes ordinaires.

La question fut mise de nouveau à l'étude en 1808; les procès-verbaux du Conseil d'État[1] constatent de vives discussions au sujet de la peine à appliquer dans le cas d'infanticide. Les uns inclinaient pour la déportation : tels étaient le comte Fourcroy, le comte Treilhard; les autres, comme le chevalier Faure et le comte Boulay, étaient pour la peine de mort. Enfin, sur la proposition de l'archi-chancelier, le Conseil d'État adopta la rédaction qui se trouve dans le Code actuel : « Est qualifié infanticide le *meurtre* de l'enfant nouveau-né.... »

Mais si on avait discuté l'infanticide, la question de la préméditation fut laissée de côté. Le chevalier Faure, conseiller d'État et orateur du gouvernement, répara cet oubli à la séance du Corps législatif du 7 février 1810. Cet exposé mérite d'être reproduit :

« Attentats à la vie.....

» .....7. Le meurtre d'un enfant nouveau-né, crime que le projet qualifie d'infanticide, sera puni de la même peine que l'assassinat. On se rappelle que la qualification d'assassinat est donnée à tout meurtre commis avec préméditation.

---

1. Commentaires des Codes français, par le baron Locré (t. XXX, pages 382 et 471.)

Or, il est impossible que l'infanticide ne soit pas prémédité; il est impossible qu'il soit l'effet subit de la colère ou de la haine, puisqu'un enfant, loin d'inspirer de tels sentiments, ne peut inspirer que celui de la pitié. Il est hors d'état de se défendre, hors d'état de demander du secours, et, par cela seul, il est plus spécialement sous la protection de la loi. Des hospices sont établis pour recevoir ceux dont on ne peut prendre soin. L'infanticide est donc, sous tous les rapports, un acte de barbarie atroce, et, quand il serait quelquefois le fruit du dérèglement de mœurs, une telle cause ne peut trouver l'indulgence dans une législation protectrice des mœurs..... »

Ces arguments ne sont pas décisifs. « Il est impossible qu'un infanticide ne soit pas prémédité. » Pourquoi? « Parce que l'infanticide ne peut pas être l'effet de la colère ou de la haine....., parce que l'enfant nouveau-né est hors d'état de se défendre, etc..... » Est-il plus en état de se défendre trois jours après sa naissance, alors qu'il n'est plus considéré comme un enfant nouveau-né?..... Je préfère la raison donnée par la Cour de cassation (31 décembre 1835): « L'enfant nouveau-né n'est pas entouré des garanties communes, et le crime peut effacer jusqu'aux traces de sa naissance. » Ce motif est sérieux et doit être retenu.

Quant à l'impossibilité de la non préméditation,

l'infanticide peut non seulement ne pas être prémédité, mais dans ce crime il est plus facile que
dans beaucoup d'autres d'établir s'il y a eu ou s'il
n'y a pas eu préméditation. Une grossesse dissi-
mulée, un accouchement clandestin suivi de la
mort de l'enfant, ce sont souvent des preuves de
la préméditation. Au contraire, la faute est
avouée, tout est prêt pour recevoir l'enfant : et cependant, au moment de la naissance, la mère se
trouve abandonnée par celui qui l'a séduite, et,
sous le coup du désespoir, elle tue son enfant.....
Et il est impossible que cette femme n'ait pas
prémédité son crime?..... Mieux vaut s'en tenir à
l'arrêt de la Cour suprême. Il est certain que,
tant que la déclaration de l'accouchement n'est
pas faite, l'enfant n'est pas entouré des garanties
ordinaires, et qu'il a droit à toute la protection de
la loi.

Je reconnais donc qu'il y a lieu de considérer
l'infanticide comme un véritable assassinat. Mais
rentrons alors dans la loi commune : il faut que
la question de préméditation soit posée. Sinon,
nous arrivons, comme dans le parricide, à un
résultat injuste.

En n'interrogeant pas le jury sur la préméditation, est-ce l'assassin qui sera frappé plus sévèrement? Nullement. Pour lui, la peine est toujours
la peine de mort (sauf l'application de l'art. 463).
C'est le meurtrier dont la position se trouve ag-

gravée, et cependant le meurtrier est moins coupable que l'assassin, puisque dans l'homicide ordinaire le meurtre n'entraîne pas la peine de mort. Ces deux hommes, coupables à un degré différent, sont frappés de peines semblables : la balance n'est pas égale et c'est le véritable motif qui conduit les jurys à se révolter contre la loi dans les questions d'infanticide.

J'ajouterai que, la préméditation une fois admise, les verdicts d'acquittement deviendront moins nombreux. En effet, un jury qui voudra être indulgent pourra désormais écarter la préméditation et accorder les circonstances atténuantes; l'infanticide étant alors considéré comme un meurtre, la Cour se joindra au jury et ne condamnera le coupable qu'à la réclusion. Sous le régime actuel, le minimum s'arrête aux travaux forcés à temps, peine jugée trop forte, dans certains cas, par les jurés qui préfèrent alors acquitter.

Une dernière considération reste à examiner. Le nombre des infanticides a-t-il diminué depuis 1832? Cette faculté d'adoucir les verdicts a-t-elle donné un résultat assez satisfaisant pour continuer à suivre la voie de l'indulgence?

Il semble au premier abord que les tableaux dressés pour établir l'état statistique des crimes doivent trancher la question et que la comparaison entre les années actuelles et celles antérieures à

1832 donnera une indication certaine sur l'augmentation ou la diminution des infanticides. Mais,
ici on ne peut pas s'en rapporter à la statistique,
parce que l'infanticide n'est pas le seul moyen
qu'emploient les coupables pour faire disparaître
les traces de leur faute. A côté de l'infanticide il
y a l'avortement, crime si fréquent et si difficile
à poursuivre. Que prouvera la statistique en éta-
blissant que tel nombre d'infanticides a été poursuivi pendant telle année, si elle ne donne pas en
regard le chiffre réel des avortements : ce chiffre
pourra bien être établi pour les crimes dénoncés,
mais combien d'avortements restent inconnus! Les
chiffres ne prouvent pas assez en pareille matière;
les infanticides peuvent être moins nombreux,
mais rien ne prouve que le nombre des avortements n'ait pas augmenté; triste compensation!

Il est donc difficile de se faire une opinion avec
les chiffres; il faut se placer à un autre point de
vue : celui de la sanction pénale.

Les lois une fois votées, on doit veiller à leur
exécution. Quel est le meilleur moyen de faire respecter ces lois? C'est d'en rendre l'application
facile en les mettant d'accord avec les mœurs des
peuples qu'elles doivent régir. Comme il est
prouvé par les verdicts des jurys que l'infanticide
reste souvent impuni, c'est que la loi a besoin
d'être remaniée et mise au niveau des idées actuelles.

En résumé, il suffirait, pour arriver à ce but, de faire quelques modifications dans le sens de celles-ci, lesquelles se résument ainsi :

1° Le parricide prémédité sera puni de la peine de mort : l'exécution se fera dans les mêmes conditions que celle des criminels ordinaires.

Le parricide non prémédité sera puni des travaux forcés à perpétuité.

Dans les deux cas, lorsque le jury admettra les circonstances atténuantes, la peine ne pourra être abaissée que d'un degré.

2° L'infanticide prémédité sera puni de la peine de mort.

L'infanticide non prémédité sera puni de la peine des travaux forcés à perpétuité.

Dans les deux cas, lorsque le jury admettra les circonstances atténuantes, il y aura lieu d'appliquer l'art. 463.

III

LE SURSIS ET LE PARDON

EN ANGLETERRE

1877.

---

§ 1er.

Les chroniques judiciaires racontaient, il y a peu de jours, le fait suivant : un magistrat anglais, ayant à juger un voleur, fut touché du repentir de cet homme. Il pouvait le frapper d'une peine légère, mais il préféra pardonner, ce qu'il fit en déclarant qu'il suspendait son jugement, et le voleur fut mis en liberté sans avoir été condamné.

Ce pardon qui, en France, serait contraire à la loi, est accordé souvent en Angleterre. La législation anglaise, en effet, a conservé au magistrat le droit de sursis, de même qu'elle a maintenu au Prince et au Parlement le pouvoir de pardonner.

Ces lois étaient autrefois communes à l'Angleterre et à la France : elles ont disparu de nos codes. Pourquoi cette différence entre les deux législations? Comment la France a-t-elle abandonné un principe si conforme à l'esprit généreux de son peuple?

Deux causes principales ont pu faire naître cette anomalie.

La première cause viendrait des principes égalitaires de 1789. Les lois de pardon, qui se trouvaient l'apanage du roi plus encore que du Parlement, étaient devenues depuis longtemps une source d'abus ; la faveur faisait distribuer les lettres de pardon, et une haute protection valait mieux qu'un repentir sincère.

La loi du pardon fut donc effacée, et elle n'a pas été rétablie dans le Code français.

Il était naturel que la crainte de l'abus emportât de nos lois ce principe, resté néanmoins dans notre esprit et dans nos mœurs politiques et privées. Mais, l'abus supprimé, la conscience publique ne tarda pas à protester contre la rigueur du Code pénal. L'institution du jury rendit de plus en plus manifeste ce désaccord entre la loi et l'opinion.

En effet, les jurés, maîtres absolus de leurs verdicts, prononçaient des acquittements qui étaient trouvés scandaleux, préférant l'impunité (le pardon) à un châtiment exagéré. Il fallut bien adoucir la répression, et la loi de 1832, en admettant le principe des circonstances atténuantes, fit un premier pas dans la voie de l'indulgence et permit aux magistrats d'appliquer les peines dans une mesure beaucoup moins sévère.

Il n'y avait plus alors à craindre de voir dégénérer en abus une loi de clémence, puisqu'elle n'était pas l'apanage d'une autorité arbitraire : ce n'était pas davantage une attaque aux principes d'égalité, cette loi étant une mesure générale.

Ce premier pas doit-il être le dernier, et devons-nous rester en arrière des autres peuples dans l'examen de la question sociale, tout au moins au point de vue des rapports de la société avec ceux de ses membres qu'elle a rejetés de son sein? Ici, non seulement nous sommes devancés par nos voisins, mais nous avons encore désappris les préceptes de nos ancêtres, puisque nous ne savons plus pardonner.

La seconde cause, pouvant expliquer la disparition de ces lois, résulte précisément de cette question sociale. Notre Code a été fait dans un but unique : protéger la société. Un seul moyen de protection a été trouvé efficace : frapper les coupables sans pitié. Et nous en sommes encore aujourd'hui à croire que c'est la solution préférable pour tenir en respect les criminels! Le pardon prêché par toutes les philosophies n'est plus qu'un vain mot lorsque les intérêts de la société sont en jeu. C'est au moins bizarre.

L'homme qui a manqué aux lois de son pays est-il donc plus difficile à ramener au bien que l'enfant qui commet une faute dans le sein de sa famille et qui trouve toujours le père prêt à pardonner quand il y a preuve de repentir? Faut-il

4

désespérer de tout un avenir pour un moment de défaillance?

Tel n'est pas l'avis des Anglais, et leurs lois, qui peuvent donner prise à la critique sur beaucoup de points, ont au moins sur les nôtres l'avantage de s'appuyer non seulement sur l'intérêt de la société, mais encore sur les principes les plus élevés de la morale.

Examinons en effet la législation anglaise en ce qui touche le *sursis* et le *pardon*, et il nous faudra reconnaître qu'en Angleterre la société, tout en protégeant ses propres intérêts, ne frappe pas le coupable avant d'avoir essayé de le ramener dans la bonne voie.

§ 2.

Lorsqu'un accusé comparaît devant le jury anglais et que le fait reproché n'est pas d'une grande gravité, le magistrat a le droit, au lieu d'envoyer l'accusé devant le second jury de prononcer lui-même la sentence. Bien plus, si l'accusé paraît digne d'indulgence (et c'est là le côté remarquable de cette jurisprudence), *le juge peut suspendre son jugement indéfiniment*. L'homme ainsi pardonné profite-t-il de la leçon, aucune flétrissure ne résultera pour lui de sa comparution devant la justice. Au contraire, s'il commet une nou-

velle faute, il sera considéré comme un *récidi-.
viste,* puisque le magistrat le poursuivra non seulement pour le second délit, mais encore pour le
premier qui n'avait pas été puni, grâce au sursis.

« Le sursis (en anglais, *reprieve,* de reprendre)
ajourne la décision des juges ou en suspend l'exécution pour un temps. En premier lieu, ce sursis
peut se prononcer *ex arbitrio judicis,* soit avant,
soit après le jugement si, par exemple le juge
n'est pas satisfait du verdict, ou si les preuves lui
paraissent suspectes, ou l'*indictment* insuffisant...,
*ou quelquefois si la félonie est peu grave, ou que
quelques circonstances favorables militent en faveur du criminel,* afin de lui laisser le temps de
recourir au roi, et de solliciter un pardon ou absolu ou conditionnel...., en second lieu, le sursis
peut être commandé par une nécessité légale, etc. »
(Commentaires sur les lois anglaises par W. Blacks-
tone, traduits par Chompré, 1823.)

Ajoutons que, dans la pratique, le délai du sursis est illimité, lorsqu'il y a félonie peu grave, et
c'est alors un véritable pardon.

L'accusation a-t-elle un caractère plus sérieux,
le sursis donne le temps de demander la grâce.

« Si le coupable a obtenu sa grâce, il peut aussi,
comme nous l'avons déjà dit, s'en faire un moyen
pour *arrêter* le jugement et il en résulte le même
avantage en ce moment, que si ce moyen eût été
produit lors de l'appel à la barre, c'est-à-dire que

l'accuser évite ainsi l'*attainder* et la corruption du sang qui en est la suite, et que le Parlement seul peut réparer, quand on ne fait valoir le pardon qu'après la sentence. Au surplus, quand un homme a obtenu sa grâce, il a le droit, sans aucun doute, d'user de ce moyen de défense le plus tôt qu'il se peut. » (Même auteur.)

Voici une autre citation au sujet du pardon ou grâce :

« Le roi peut pardonner toutes les offenses contre la couronne ou contre le public, sauf quelques exceptions...

» Le pardon peut être aussi conditionnel, c'est-à-dire que le roi peut, d'après la loi commune, accorder la grâce avec telle clause qu'il lui plaît...

» Quant au mode de concession de pardon, nous observons qu'il est plus avantageux de l'obtenir par acte de Parlement que par charte royale, car, dans le premier cas, on n'est pas tenu de faire valoir en justice ce moyen d'exception, la cour doit tenir note *ex officio* de l'acte du Parlement et la partie n'a pas à craindre d'en perdre le bénéfice par sa propre omission ou négligence, comme cela peut lui arriver relativement à la charte royale du pardon. Il faut que l'accusé se fasse un moyen spécial de cette charte et cela en temps utile....

» Enfin l'effet du pardon accordé par le roi est de faire du criminel un homme nouveau, de le décharger de toutes les peines corporelles et des confiscations attachées au crime qui lui est pardonné, de lui donner de nouveaux droits civils ou politiques, plutôt que de le rétablir dans les droits semblables qu'il possédait. Mais le pouvoir suprême et transcendant du Parlement peut seul réhabiliter ou purifier le sang, quand il est une fois corrompu, et quand le pardon n'est accordé qu'après l'*attainder*.... » (Même auteur.)

Il est curieux de comparer ces lois de sursis et de pardon, si différentes de notre législation actuelle, avec les anciennes lois françaises.

Voici un extrait de « *la Pratique judiciaire* », tant civile que criminelle, reçue et observée dans tout le royaume de France, composée par Mᵉ Jean Imbert, lieutenant criminel au siége de Fontenay-le-Comte, etc. (Édition de 1644.)

« Anciennement, chez les Romains, on usait plus souvent du pardon, qu'ils appelaient *purgation,* que de demander rémission, qu'ils nommaient *déprécation,* car il était permis d'user de purgation devant tous juges, mais de déprécation devant le Sénat seulement, parce que le Sénat pouvait user de miséricorde et bailler grâce, et les autres juges inférieurs ne pouvaient bailler grâce, ainsi étaient tenus de suivre la rigueur du droit. Car en déprécation, *le délinquant confesse avoir delinqué d'industrie et sciemment,* mais il *demande de lui être pardonné* pour raison de la noblesse de son lignage, ou pour le service fait par lui ou ses prédécesseurs à la République, ou parce qu'il a par ci-devant bien vécu et en bonne réputation. Au moyen de quoi nous appelons ces lettres rémission de grâce. Et en purgation le délinquant confesse avoir délinqué par cas fortuit ou par ignorance et non à son escient. Et pour ce, nous les appelons lettres d'innocence. Mais *en France,* devant que soit rémission ou pardon, il faut qu'elles soient obtenues du Roy, soit pour les juges royaux, ou cours souveraines; nous usons plus de rémission que de pardon, car la rémission est plus sûre, parce que le Prince en rémission pardonne le cas de sa pleine puissance et authorité royale, et par le pardon il ne remet que de grâce spéciale... » (Ch. XVII.)

L'ordonnance du 26 août 1670, réglant le droit de grâce, nous donne un autre exemple du pardon accordé *avant* jugement.

Cette ordonnance examine les différentes espèces de grâces qui pouvaient alors être accordées.

» C'étaient :

» 1° Les lettres d'abolition particulière, qui étaient délivrées *avant* le jugement en faveur d'un accusé et *effaçaient le délit.....,* etc. »

Cette comparaison de textes prouve que le principe du pardon existait dans les deux législations; il ne faut pas le confondre avec le droit de grâce tel qu'il se trouve dans nos lois modernes : la grâce aujourd'hui peut dispenser de la peine, mais le jugement subsiste.

§ 3.

Ainsi les Anglais avant de frapper un homme ont recours à l'indulgence. Au lieu de rejeter de la société le coupable qui se repent, ils pardonnent dans l'espérance que cet avertissement sera une leçon profitable. Et le procédé leur semble bon, puisque cette loi, au lieu de tomber dans l'oubli, reçoit chaque jour une nouvelle application.

Ce pardon peut être considéré non seulement comme un acte de moralisation, mais encore comme une mesure essentiellement utile; car il a ce résultat très important, de diminuer la population des prisons sans danger pour la société. En effet, si le coupable se repent sincèrement, il rentre dans la société sans souillure et peut devenir un nouveau défenseur de l'ordre social; s'il persévère dans le crime, il est puni comme récidiviste et souvent éloigné de la mère patrie pour toute sa vie[1].

Ce serait un grand progrès que de pouvoir

1. Les Anglais sont arrivés, par la transportation, à peupler leurs colonies et à les rendre florissantes en distribuant les terres aux condamnés.

ainsi restreindre le nombre des prisonniers, qui augmente dans une proportion peu rassurante.

« Le service des prisons réclame une augmentation considérable, malheureusement motivée par l'accroissement du nombre des détenus, qui de 46,000 en 1869, s'est élevé à 53,000, sans compter les condamnés de la Commune, et déduction faite des détenus militaires... » (Rapport de M. Haentjens à l'Assemblée nationale. — Séance du 25 juillet 1876.)

Mais, en France, nous n'admettons pas qu'il soit utile de relever l'homme qui a commis une faute. « Il ne devait pas déchoir... Il faut d'abord protéger les honnêtes gens. » Ou bien encore : « Que Messieurs les assassins commencent! » Telles sont les réponses invariablement faites à ceux qui poussent la philanthropie jusqu'à s'occuper des voleurs.

Malheureusement, on ne s'aperçoit pas qu'en ne voulant ainsi sacrifier que l'individu, on menace la sécurité générale!

Plus le nombre des condamnés augmentera, plus la défense de la société deviendra difficile. Il ne suffit pas d'arrêter le coupable et de l'enfermer ; il faut essayer de le corriger, de manière à ne pas rendre à la liberté un individu devenu plus dangereux qu'avant son arrestation. Or, le seul moyen, employé jusqu'à ce jour pour corriger, c'est l'emprisonnement ; le seul moyen pour pro-

téger la société contre le prisonnier libéré, c'est
la surveillance de la haute police!

Ne serait-il pas plus facile de ramener au bien
un homme coupable, mais repentant, en lui ac-
cordant de suite son pardon qu'en essayant de le
moraliser après l'avoir jeté dans une maison centrale!

Cette philanthropie si ridicule a donc pour but
de protéger la société tout autant que de ramener
les égarés dans le bon chemin. Que la société pardonne, quand elle aura l'espérance de relever le
coupable; qu'elle frappe sans pitié lorsque la grâce
n'aura rencontré qu'un ingrat : d'un côté, le pardon; de l'autre, l'application des lois de récidive
dans toute leur sévérité.

§ 4.

Le système du pardon, en théorie, ne peut pas
être attaqué, puisqu'il s'appuie sur les plus grands
principes de la morale : mais pourrait-il soutenir
l'épreuve de la pratique?

Revenir au pardon, n'est-ce pas rétablir dans
la loi l'arbitraire et l'injustice?

Le citoyen anglais a un profond respect pour la
loi et ses représentants; cette idée dominante
donne aux magistrats une liberté qui serait peut-
être dangereuse en France. Nous ne voulons pas

dire que nos juges puissent être soupçonnés de
partialité ; loin de nous cette pensée ! Mais l'esprit
français a besoin d'être maintenu par des règles
qui ne prêtent pas à la controverse ; nos lois
doivent être faites de telle sorte que le magistrat
ne puisse pas s'écarter des limites tracées par le
législateur, sinon, le justiciable se croirait lésé
dans ses droits.

Cette précision est bien, en effet, le caractère
de notre législation pénale ; mais, à toute règle il
y a des exceptions, et dans le Code français il est
facile de trouver des dérogations à la règle générale.

Nous avons déjà parlé des circonstances atténuantes ; c'est une première extension donnée à
l'arbitraire du juge : on pourrait citer un grand
nombre d'autres exceptions, laissant au magistrat
un pouvoir discrétionnaire. Tel est, par exemple,
le droit accordé au tribunal de déclarer qu'un
mineur de seize ans a agi avec ou sans discerne-
ment. N'est-ce pas là un souvenir de nos anciennes lois de pardon ?

Mais le législateur a craint d'aller trop loin ; il
a bien voulu pardonner à l'enfant ; l'homme au
delà de seize ans ne doit plus compter sur l'indulgence : c'est cependant au milieu des luttes de la
vie qu'il serait utile de trouver aide et pardon !
Une leçon bien donnée a souvent une portée morale bien supérieure au châtiment mérité.

Cet adoucissement dans les lois pénales n'offre pas, du reste, de difficultés d'exécution qui puissent en écarter l'examen sans réflexion. De l'atténuation au pardon, il n'y a qu'un pas; pourquoi ne pas le franchir, quand le coupable est digne d'intérêt?

Nous insistons sur cette loi de pardon, non seulement parce que les acquittements trouvés scandaleux reparaissent plus nombreux qu'autrefois, mais parce qu'il faut constater que tous les efforts faits pour maintenir le niveau moral n'aboutissent à aucun résultat heureux.

La démoralisation fait des progrès effrayants, le nombre des crimes augmente; il n'y a plus d'âge pour débuter dans la voie du mal : les tribunaux regorgent d'enfants qui ne voient dans la société qu'une ennemie, n'ayant pas trouvé en elle une protectrice, lorsqu'il était temps encore de les sauver. Une bande de quarante-trois voleurs comparaissait, au mois de décembre dernier, devant la Cour d'assises de la Seine : à l'exception des recéleurs, le plus âgé de ces malheureux n'avait pas vingt-cinq ans!

Il est donc certain que nos lois pénales deviennent impuissantes à réprimer le crime. Bien plus, les modifications apportées sous le dernier Empire dans le système pénitentiaire ont amené une nouvelle source de désordre. En effet, depuis la suppression des bagnes en France, la position des réclusionnaires s'est trouvée aggravée au point qu'un criminel préfère, aujourd'hui, la transportation à la maison centrale.

Cette aggravation résulte, non pas du régime des prisons qui n'a pas changé, mais de la comparaison du sort du réclusionnaire avec celui d'un forçat.

Dans la Nouvelle-Calédonie, le condamné jouit d'une liberté relative; c'est un véritable colon. S'il se conduit bien, il peut, à l'expiration de sa peine, devenir propriétaire, se créer une famille. Dans une maison centrale, le réclusionnaire ou même le simple prisonnier [1] est condamné à vivre, dans les ateliers d'une prison, de cette vie commune qui le conduit aux dernières limites de la démoralisation; et, lorsque le temps de sa peine est expiré, le réclusionnaire retombe sous la surveillance de la haute police, mesure si cruelle qu'on a essayé récemment d'en adoucir l'application [2].

Le résultat de cette comparaison conduit fatalement le coupable à préférer les travaux forcés à la réclusion, puisqu'il n'a aucun espoir de pardon;

1. La condamnation à 13 mois de prison entraîne l'envoi dans une maison centrale.

2. En Angleterre, le prisonnier qui a une bonne conduite peut obtenir sa mise en liberté provisoire : nouvelle preuve d'une sollicitude bien comprise pour ramener le condamné dans la bonne voie.

il agit en conséquence, et se perd totalement du premier coup.

Il n'est pas rare de voir des accusés refuser toute espèce de défense dans le but d'être condamnés de suite aux travaux forcés. Plus d'une fois on a entendu le ministère public prémunir le jury contre cette ligne de conduite et lui montrer le mobile qui poussait ces malheureux à aggraver leur position. Il n'y a rien d'exagéré dans ce tableau.

Nous croyons donc que des réformes urgentes sont nécessaires et qu'il est temps de modifier nos lois pénales si nous ne voulons pas être débordés.

Est-ce par l'augmentation de la répression que l'on obtiendra un résultat meilleur? L'expérience démontre le contraire.

Pourquoi ne pas chercher alors une autre voie? Pourquoi ne pas prendre chez les peuples voisins les institutions qui pourraient nous être utiles?

Si le travail forcé avec mesures coercitives, tel qu'il est en usage, en Angleterre, n'est pas admissible dans nos mœurs, il n'en est pas de même de la loi du pardon dont nous parlions plus haut.

Rien ne s'oppose à l'introduction ou plutôt au rétablissement de ce principe dans notre Code, mais à la condition d'appliquer les lois de récidive dans toute leur rigueur, et d'être sans pitié pour ceux qui ne profiteraient pas de la clémence de leurs juges.

Terminons par une réflexion qui peut avoir ici sa place. Notre génération est accusée d'indifférence en matière religieuse, et ce serait la véritable cause de la démoralisation actuelle.

C'est aller un peu loin ; mais, puisque la question de religion est soulevée, rien n'empêcherait les législateurs de donner l'exemple et d'accorder les lois avec ce principe sans lequel il n'y a ni religion ni philosophie : le pardon.

Le cadre restreint de cette étude ne nous permet pas d'examiner quelles sont les modifications à introduire dans les articles du Code pénal pour rétablir la loi du pardon ; c'est une question pratique qui a besoin d'être discutée pour donner un résultat satisfaisant.

Notre seule pensée, en publiant cette page de la législation anglaise, était de montrer le danger réel qui menace la société et de prouver qu'il est possible d'arrêter le mal, à la condition, toutefois, de modifier notre Code et de profiter de l'expérience de nos voisins.

IV

DE LA RÉCIDIVE

Janvier 1878.

... L'emprisonnement collectif est le noviciat de la récidive...

(Rapport de la Cour d'Angers.)

... Nous en sommes arrivés au point que la récidive présente actuellement la moitié de la criminalité...

... Si on réfléchit que le nombre moyen des individus sortant chaque année de nos maisons centrales est de plus de 7,000, celui des libérés des prisons départementales de plus de 110,000, on voit que nos lieux de répression rendent, année moyenne, à la société, près de 60,000 malfaiteurs prêts à accomplir contre elle, à courte échéance, de nouveaux méfaits...

(Rapport de M. BÉRENGER, de la Drôme.)
(Enquête parlementaire du 25 mars 1873.)

L'assemblée nationale, justement préoccupée en lisant le rapport défavorable présenté par M. le garde des sceaux sur la statistique criminelle pendant 1870, avait nommé, le 25 mars 1872, une commission pour étudier le régime des établissements pénitentiaires tant en France qu'à l'Étranger.

Il n'est pas besoin de dire que cette enquête, faite par des hommes compétents, apporte une nouvelle clarté dans ces graves questions, déjà examinées avec tant de soin par la chambre des Pairs en 1847. Elle a, de plus, l'avantage de présenter des aperçus nouveaux sur les régimes adoptés à l'étranger qui étaient encore à l'état naissant, lors de la première enquête.

MM. le vicomte d'Haussonville, Bérenger (de la Drôme), Voisin, nommés rapporteurs, terminaient leurs travaux le 18 mars 1873, et c'est à ces rapports que j'aurai le plus souvent recours dans cette étude sur la récidive.

Non pas que je veuille laisser de côté les ouvrages d'hommes comme Ch. Lucas, de Tocqueville, Bonneville de Marsangy, Van der Brugghen et tant d'autres qui ont étudié la question par son plus beau côté, la philanthropie, ce serait prétentieux de ma part; mais mon but, plus modeste, serait de faire comprendre à la société qu'il y a, dans les réformes pénitentiaires, non seulement un but charitable à atteindre, mais sa propre existence à défendre !

Et c'est précisément ce danger imminent, qui paraissait ne causer de préoccupation à personne.

Voilà près d'un siècle que le problème a été posé; depuis 1789, bien des solutions ont été offertes et, seule, jusqu'en 1875, au milieu des peuples voisins qui réformaient tous leur régime pénitentiaire, la France semblait rester indifférente.

De temps en temps, un louable effort remettait la question à l'ordre du jour, mais il n'y avait pas d'ardeur dans cet élan, et cela, pour une excellente raison, c'est que l'opinion publique n'était pas favorable à ce courant d'idées.

Il faut bien que ce soit vrai, puisqu'une simple note du ministre de l'Intérieur a suffi en 1853, pour renverser tout cet échafaudage d'études péniblement élevé par les gouvernements précédents.

Oui, dans le monde, vous ne trouverez que des auditeurs inattentifs au récit des souffrances endurées dans les prisons : et c'est tout naturel. On s'occupe bien plus des misères que l'on voit par soi-même que de celles dont on soupçonne à peine l'existence, et il faut reconnaître aussi que l'homme malheureux mais honnête est plus intéressant que le condamné. Combien sont peu nombreuses les personnes qui ont pu voir de près ces prisons et ces maisons centrales !

Ce n'était donc pas en s'adressant à la pitié que l'on devait obtenir un effort sérieux : il fallait démontrer à la société que son indifférence pourrait la mener beaucoup plus loin qu'elle ne le croyait.

Les évènements de 1871 avaient été cependant un premier avertissement! Les trois quarts des défenseurs de la commune furent des récidivistes.

Voici, du reste, les paroles de M. Bérenger, au

5

sujet de ces chiffres qui donnent une moyenne de 50 p. 100 à la récidive :

« Tels qu'ils sont, ils (ces chiffres) suffisent à expliquer qu'il semble se rencontrer, dans la perpétration des délits, plus d'audace, plus d'habileté, moins de scrupule ; que le crime s'élève parfois à un degré d'horreur qu'il n'avait point encore atteint. Ne donnent-ils point, en même temps, le secret de ce que l'esprit d'insurrection semble avoir pris de forces nouvelles et de ce qui se mêle d'atrocités inaccoutumées à nos discordes civiles ? La terrible insurrection née de nos désastres en autorise la pensée. La justice militaire n'a-t-elle pas reconnu les antécédents criminels à un très-grand nombre des inculpés qu'elle a poursuivis ? »

Hâtons-nous de dire que l'Assemblée nationale, justement émue à la lecture des rapports de MM. d'Haussonville et Bérenger, a voté enfin la loi du 5 juin 1875 qui introduit dans notre régime pénitentiaire l'application du système cellulaire pour les condamnés à moins d'une année [1].

Ce sont ces deux rapports que j'analyserai en m'occupant principalement de la question de ré-

1. La loi èst votée, mais il faut que les Conseils généraux donnent les fonds nécessaires pour construire partout des prisons cellulaires !

cidive et en recherchant si la Commission n'a pas enfermé ses conclusions dans un cadre trop restreint.

Je laisse de côté le travail de M. Voisin qui traite plus spécialement du sort des jeunes détenus : ce sera l'objet d'une autre étude.

Voyons maintenant ce qu'est la *récidive*, dans le langage du Code pénal; nous rechercherons ensuite ses effets, et, pour terminer, il faudra examiner si le mal est sans remède.

« Au point de vue du Code pénal, dit M. Bérenger, est en état de récidive :

1° L'inculpé qui, après avoir subi soit une condamnation à une peine afflictive et infamante, soit une condamnation à un emprisonnement de plus d'une année, commet de nouveau une infraction entraînant, dans le premier cas une peine criminelle ou correctionnelle seulement, et dans le second cas, une peine correctionnelle seulement;

2° L'inculpé qui, après avoir subi une condamnation pour contravention, commet une contravention nouvelle dans le ressort du même tribunal et dans l'année qui a suivi la première condamnation. »

Nous négligerons les contraventions pour nous occuper plus attentivement des délits et des crimes : là se trouvent les récidivistes dangereux, et ils le sont tous, quelque différent que soit le châtiment qui les frappe.

Souvent même la nature de l'homme condamné à la prison est plus pervertie que celle du réclusionnaire ou du forçat. C'est la passion d'un instant qui peut faire commettre un meurtre; il faut, au contraire, une étude prolongée à l'école du vice pour devenir un voleur adroit.

Les récidivistes sont donc tous des hommes à redouter : ils sont en guerre ouverte avec la société et toujours disposés à la lutte.

Mais, ce qu'il y a de plus grave, c'est que pour eux le temps passé en prison n'est pas du temps perdu. Non seulement ils forment là de nouvelles associations, mais ils élèvent des recrues parmi les prisonniers novices et, à leur libération, ils en font leurs complices.

Voilà la racine du mal! S'il était possible d'éviter ces rapprochements, d'isoler l'homme condamné pour la première fois, l'armée des récidivistes décroîtrait rapidement, et le danger social ne tarderait pas à disparaître.

«... Il ne semble pas, dit M. Bérenger, qu'aucune cause puisse avoir, dans l'accroissement des crimes comme dans le développement de la récidive, une plus large part de responsabilité que la dépravation engendrée par un système vicieux d'emprisonnement.

» La logique l'indique assez. Si le lieu où se subit la peine corrompt au lieu de corriger, s'il enseigne le mal au lieu de ramener au bien, s'il cesse en même temps d'intimider, non seulement le but du châtiment est manqué, mais l'institution qui devait réprimer les crimes en devient l'instrument le plus actif de propagation.

» Ce que l'on fait pour améliorer les lois pénales n'est que demi-besogne, dit le savant Mittermayer, si l'on ne porte pas son attention sur la base fondamentale même, l'amélioration des établissements pénitentiaires. »

———

Quel est donc l'état de nos établissements pénitentiaires? Est-ce bien le régime des prisons qui est la cause réelle de cette démoralisation générale?

La réponse se trouve dans la circulaire de M. de Persigny (17 août 1853) :

«... Les retards apportés par les administrations locales dans l'exécution des mesures nécessaires pour approprier les prisons à ces diverses prescriptions doivent être imputés aux circulaires du 20 octobre 1836, du 9 août 1841 et du 20 août 1849 qui repoussaient tout projet de réparation ou de reconstruction non conforme aux règles du système cellulaire. Les conditions dispendieuses qu'entraîne l'application de ce système, l'impossibilité absolue pour le plus grand nombre des départements d'y pourvoir avec leurs seules ressources, ont fait ajourner des améliorations indispensables.

Aujourd'hui, le *Gouvernement renonce à l'application de ce régime d'emprisonnement,* pour s'en tenir à celui de la séparation par quartiers... » :

Il aurait pu dire : par troupeaux, et il serait resté dans la vérité.

Le nombre de groupes est fixé à 15. Comment admettre raisonnablement qu'il soit possible de faire un classement sérieux? Ce serait une folie.

« En veut-on un exemple bien frappant, dit M. d'Haussonville? Aucune division, assurément, ne satisfait davantage l'esprit que celle établie par la loi entre les prévenus et les condamnés, entre l'homme qui est présumé innocent et l'homme que la justice a frappé. Mais, allons au fond des choses. La distinction véritable, celle qu'il importerait de réaliser, n'est-elle pas celle qui existe entre le prévenu coupable et le prévenu innocent? Le récidiviste surpris en flagrant délit de vol, mais non encore jugé, ne serait-il pas mieux à sa place à côté d'un condamné qu'à côté de l'homme innocent qu'une erreur momentanée de la justice a jeté sous les verrous?... »

Ces quinze catégories ne seraient même pas suffisantes dans les maisons départementales qui contiennent souvent hommes et femmes à la fois : il faudrait trente catégories!

Tout cela était si peu pratique que l'administration rebutée ferma les yeux. Il faut lui rendre justice en reconnaissant que ce fut elle qui, la première, fit entendre un nouveau cri d'alarme en octobre 1869 lorsqu'elle institua une commission pour étudier les questions de patronage.

Ce réveil fut malheureusemeut de courte durée : 1870 fit tout oublier.

Nous eûmes ensuite les enquêtes de 1872 et enfin la loi de 1875 ; il était temps d'agir, car l'état des prisons était toujours resté dans un état déplorable.

M. d'Haussonville reconnaît que le nombreux personnel de l'administration des prisons « remplit bien son devoir au point de vue du maintien dans les prisons de l'ordre et de la décence extérieure. Mais peut-on demander à ces nombreux agents d'exercer sur les détenus une surveillance active, incessante, moralisatrice, qui serait nécessaire pour combattre l'influence corruptrice des détenus les uns sur les autres ? Ce serait une chimère que de l'espérer. »

Un exemple suffira pour laisser entrevoir la profondeur du gouffre.

La cour d'assises de Seine-et-Marne a condamné à mort, le 30 novembre 1876, un Italien, détenu à la maison centrale de Melun, lequel avait assassiné un de ses camarades par jalousie : les motifs étaient tellement révoltants que le président des assises interdit la publicité des débats,

C'est un cas exceptionnel, dira-t-on ? — Voici

le passage du rapport de M. d'Haussonville qui a trait à la surveillance exercée la nuit par les prévôts (ou détenus choisis) :

«.... Il est à remarquer que les détenus acceptent sans trop de peine la surveillance des prévôts..... Leur surveillance n'en est pas moins très inefficace, et l'on peut penser de quelles honteuses débauches deviennent le théâtre ces vastes salles où sont agglomérés des hommes dans toute la force de l'âge et des passions, dont beaucoup sont familiarisés de longue date avec les vices les plus honteux. On peut penser à quels effroyables spectacles assistent malgré eux ceux qui n'ont pas perdu tout sentiment de retenue, heureux *quand les refus qu'ils opposent* n'attirent pas sur eux les menaces et les mauvais traitements ! »

Peut-on s'étonner maintenant qu'il se trouve un certain nombre de condamnés pour lesquels la Nouvelle-Calédonie soit préférable aux maisons centrales !

Nous étonnerons-nous davantage de cette moyenne de 50 pour 100 attribués aux récidivistes?

C'était donc bien le régime déplorable de nos prisons, cette vie commune de jour et de nuit, qui avait accru constamment le nombre des malfaiteurs.

Il fallait absolument porter remède à cet état de choses, et ce n'était pas une tâche plus difficile pour nous que pour les peuples voisins. Voilà

vingt-cinq ans que la Hollande travaille sans re-
lâche à réformer son système pénitentiaire ; elle
ne se décourage pas et a déjà obtenu d'excellents
résultats. Suivons son exemple [1].

Comme il est certain qu'on ne pouvait pas faire
table rase, la commission avait à rechercher tout
d'abord quelles seraient les classes de condamnés
qui, les premières, profiteraient du nouveau régime, quelles étaient celles qui donneraient les
résultats les plus satisfaisants pour l'ordre social.

Il suffisait, je crois, de partager les condamnés
en deux classes : les récidivistes et les non récidivistes.

Ramener au bien ceux qui ont déjà passé une
partie de leur vie dans les prisons communes me
paraît une entreprise hasardée ; empêcher de persévérer dans le mal ceux qui commettent une
première faute, ce serait peut-être un problème
plus facile à résoudre.

La commission n'alla pas si loin : dans son projet de loi, elle proposa de ne s'occuper d'abord
que des condamnés à moins d'un an de prison,

1. L'application du régime de l'emprisonnement individuel en Hollande n'a jusqu'ici donné que des résultats favorables. (Rapport de M. Voisin.)

laissant à d'autres le soin d'examiner plus tard la situation des autres classes de prisonniers. C'est la question financière principalement qui l'arrêtait.

Je crois qu'elle pouvait étendre son programme à tous les non-récidivistes sans pour cela grever le budget outre mesure.

Quel est le nouveau régime qu'elle propose de mettre en pratique? C'est le régime cellulaire, dont l'installation nécessite des dépenses considérables, moins « dispendieuses » cependant que voulait bien le dire M. de Persigny.

Ces dépenses, les voici, d'après M. Bérenger : « Quelle pourra être l'étendue des sacrifices à faire? Il est difficile de la fixer exactement. Une étude attentive des chiffres ordinaires de la population de nos prisons permet toutefois de les circonscrire dans des limites probables.

» Le nombre moyen des détenus qu'ont enfermés à la fois nos maisons départementales dans le cours des cinq dernières années données par la statistique (1865-1869), est de 20 à 21,000 ; ce serait donc un chiffre de 20 à 21,000 cellules qui paraîtrait nécessaire ; mais il y a des moments où le chiffre de la population normale se trouve inévitablement dépassé. Il est donc prudent d'ajouter à ce chiffre un tiers en sus. On arriverait ainsi à un total de 28,000 cellules ; 7,500 environ existent actuellement ; ce serait donc 21,000 cellules nouvelles qu'il faudrait établir... On a évalué à

4,000 fr. en Belgique, à 4,200 fr. en Hollande, le coût d'établissement d'une cellule. Mais il s'agissait dans ces deux pays de bâtiments neufs à construire... Un certain nombre de maisons pourront chez nous, surtout dans les chefs-lieux d'arrondissement, être appropriées sans qu'il soit besoin de recourir à des constructions nouvelles. En tenant compte de ces circonstances, on évaluait en 1853 la dépense à 3,000 fr. par cellule. Si la main-d'œuvre a augmenté depuis, les procédés de construction ont simplifié les grands travaux,... (Suivant les documents recueillis au ministère de l'intérieur), le coût moyen qui en ressort pour la cellule, prix d'acquisition du terrain compris, est de 3,207 fr. En y ajoutant la dépense du mobilier, ce serait un prix approximatif de 3,500 fr. au plus par cellule.

« Mais cette évaluation ne s'applique qu'aux maisons bâties à neuf, sur des terrains qu'il a fallu acquérir...

«.... Nous admettons toutefois ce chiffre. Pour 18,000 cellules (nombre suffisant), il porterait à 63 millions l'étendue du sacrifice à répartir entre l'État et les départements. C'est sans doute une considérable dépense, mais rien n'oblige à en faire porter le fardeau sur un petit nombre d'années... »

S'il fallait s'occuper en même temps des autres classes des prisonniers, le budget deviendrait donc insuffisant, dit la commission.

D'accord, s'il entrait dans les vues du gouvernement d'appliquer le régime cellulaire dans les condamnations à plus d'un an; mais si on trouve un autre système applicable aux peines supérieures à un an, système qui ne demande pas de dépenses sérieuses, ne serait-il pas intéressant de s'occuper immédiatement de tous les condamnés non récidivistes?

Comme nous l'avons dit plus haut, il ne faut pas apprécier le degré de culpabilité d'un homme d'après la sévérité de la peine qui lui a été infligée. Suivant les circonstances, un crime peut être la suite d'un moment de colère, tandis qu'un délit ne s'accomplira quelquefois qu'après une longue préméditation; le simple prisonnier est souvent plus perverti que le forçat.

Il ne faut donc pas diviser les non récidivistes en deux classes, abandonner les uns et secourir les autres, si c'est chose possible.

Il suffirait d'agrandir les quartiers d'*amendement* dans les maisons correctionnelles et centrales, et de conserver dans ces quartiers tous les condamnés non récidivistes subissant une peine supérieure à une année qui ne démériteraient pas.

Nous examinerons plus loin le régime des quartiers d'amendement qui est en vigueur déjà dans plusieurs maisons centrales, mais nous pouvons dire de suite que ce système moins parfait que l'emprisonnement cellulaire, donne cependant des résultats préférables au classement par groupes parce qu'il n'admet que des hommes disposés à revenir au bien.

Pour l'adoption des quartiers d'amendement, les dépenses matérielles ne seraient pas considérables ; ce serait plutôt une question d'aménagement que de construction, le nombre des détenus n'étant pas augmenté, mais soumis uniquement à un genre différent de classement.

En résumé, cette grande division entre les récidivistes et les non récidivistes permettrait d'arrêter le mal beaucoup plus vite, et la mesure d'indulgence serait égale pour tous ceux qui débutent dans la mauvaise voie.

Quant aux récidivistes incorrigibles, il sera facile de les vaincre lorsqu'ils ne trouveront plus d'élèves. Nous nous occuperons d'eux au chapitre de la transportation.

Après avoir étudié le régime pénitentiaire en vigueur en France, avant 1875, et avoir montré combien il était dangereux pour la société, nous pouvons examiner le système cellulaire proposé par la Commission.

Il faut remarquer tout d'abord qu'il a reçu l'approbation des autorités les plus compétentes en pareille matière.

Il ne serait pas juste de passer sous silence des recommandations aussi sérieuses : j'en ferai donc une énumération rapide.

Le rapporteur devant la chambre des Pairs en 1847, s'exprime ainsi en parlant du système d'isolement :

« Jusque-là les criminalistes n'avaient envisagé la peine que sous deux points de vue, le *châtiment*, l'*intimidation*.

» Ajouter à ces deux résultats une garantie indispensable contre le danger social amené par la libération, l'*amendement* du condamné, telle fut la pensée qui, aux États-Unis et dans toute l'Europe, présida à l'établissement des pénitenciers cellulaires...... »

C'est maintenant la circulaire de M. Dufaure, ministre de l'Intérieur (20 août 1849) :

« Le gouvernement s'est déjà préoccupé de cette question et continue à l'étudier à un point de vue général. Il a toutefois, dès à présent, une opinion arrêtée en ce qui concerne les maisons d'arrêt et de justice. Les personnes qui se sont livrées à des études sérieuses sur les prisons sont unanimes, on peut le dire, pour l'adoption du régime de l'isolement pour les prévenus, les accusés et les condamnés à la peine de l'emprisonnement, lorsqu'elle n'excède pas une année. »

Quelles sont les conclusions de M. d'Haussonville au nom de la Commission nommée en 1872?

« Nous ne pouvions nous en tenir à ces cons-
tatations affligeantes (régime actuel), et, pénétrés
de l'étendue du mal, notre devoir était de ne pas
tarder à vous présenter le remède, c'est-à-dire
l'inauguration d'un nouveau régime dans les prisons départementales. Sur la nature de ce régime, nous ne pouvions avoir de longues discussions. La force des choses nous imposait, en
quelque sorte, la conclusion en faveur de laquelle
les plus expérimentés d'entre vous s'étaient déjà
prononcés. Repoussant avec indignation la promiscuité, ayant été amenés par l'étude des faits à
condamner le système de la séparation par catégories, nous ne pouvions vous proposer que le
régime de la séparation individuelle des détenus
les uns d'avec les autres... »

Enfin, il y a des hommes dont l'opinion doit
faire loi dans ces questions, ce sont les magistrats.
Ils ont été consultés en 1872, et M. Bérenger ré-
sume ainsi leur jugement :

«.... La Cour de cassation et les dix-neuf cours
d'appel qui se sont prononcées dans l'enquête pour
le régime de la séparation individuelle, se trouvent
d'accord pour en recommander particulièrement
l'application aux prévenus et accusés et aux condamnés à de courtes peines. »

Il ajoute, en parlant des pays voisins :

«.... Il n'est pas un pays autour de nous qui
n'ait, quelle que soit d'ailleurs la diversité des ré-

gimes, introduit la cellule dans son régime pénitentiaire....... »

En présence de semblables autorités, on se
demande quelles objections pouvaient paralyser
les efforts des réformateurs français : il faut encore reconnaître que c'était l'opinion publique,
indifférente et routinière.

« Pourquoi, dit M. Bérenger, l'opinion que la
cellule est à la fois funeste à la santé et à la raison
est-elle encore partout répandue? » « C'est, pour
nous servir d'une expression du savant Dr Lélut,
qu'en dehors du petit nombre d'hommes qui se
sont occupés sérieusement de ces matières et se
sont mis en état d'être des partisans ou des adversaires autorisés de l'emprisonnement cellulaire,
on se fait en général dans le monde, dans le parti
même le plus éclairé du monde, l'idée la plus
fausse, quelquefois même la plus folle, des conditions, pourtant les moins contestables, de cette
sorte d'emprisonnement. »

Examinons donc quelles sont ces conditions de
l'emprisonnement cellulaire : nous consulterons
ensuite les statistiques qui ont bien aussi leur
valeur dans cette étude.

Nous n'avons pas besoin de quitter Paris pour
savoir ce qui se passe dans les prisons cellulaires.
La Commission départementale de la Seine et le
Conseil général de Seine-et-Oise avaient courageusement lutté contre la circulaire de 1853 et

étaient arrivés à continuer leurs essais. Les prisons de la Roquette, Mazas, la Santé, la Conciergerie, le Dépôt de la Préfecture de Police, Versailles, furent conservés comme établissements cellulaires, au moins en partie.

Dans ces prisons le régime cellulaire, c'est « le régime de la séparation individuelle, dit M. Bérenger, non plus tel que l'État de Pensylvanie l'avait le premier conçu et pratiqué sous le nom de système cellulaire, mais amendé, adouci par une réglementation mieux appropriée à la nature humaine. Le détenu, isolé seulement de ses compagnons de captivité, communique avec les services de la prison, ses parents les plus proches, l'aumônier, les membres des sociétés charitables. L'enseignement primaire ou professionnel, les instructions morales et religieuses, le travail [1] occupent ses journées. Une promenade quotidienne au grand air ranime ses forces. Enfin, le plus souvent, une réduction dans la durée de sa peine compense ce que le mode d'infliction a de plus rigoureux..... »

Nous sommes déjà loin de cette solitude, capable de conduire à la folie! Mais le prisonnier a encore d'autres consolations. Non seulement il

---

1. En Angleterre pour éviter le désœuvrement, les prisons possèdent des magasins de matières premières, pour occuper les détenus en cas de grève des entrepreneurs.

n'est pas obligé de vivre dans cette promiscuité honteuse des maisons communes, mais personne ne le connaît parmi ses co-détenus.

Lorsqu'il sera libéré, il ne craindra pas de trouver sur son passage un de ces anciens camarades de prison capable de briser son avenir en dévoilant le passé.

La faute expiée, tout s'efface, et une vie nouvelle peut faire oublier un moment de défaillance.

Quel est donc le condamné, véritablement touché de repentir qui hésiterait à accepter le régime cellulaire en présence d'une perspective aussi consolante?

« Depuis l'ouverture à Paris de la prison de correction de la Santé (1870), où se trouvent à la fois un quartier cellulaire et un quartier en commun, plus de 700 condamnés ont demandé à subir leur peine dans l'isolement, et sur ce nombre plus des deux tiers ont persévéré jusqu'au bout. (Rapport de M. Bérenger.) »

Il y a cependant une classe de condamnés qui n'aime pas le régime cellulaire, il faut le reconnaître. Cette classe se compose d'individus condamnés à moins d'un an de prison qui subissent une nouvelle peine encore inférieure à une année.

Certains déclassés, connaissant parfaitement leur Code pénal, préfèrent la prison au travail, principalement en hiver; quelques mois passés dans un milieu qui leur est familier, loin de les effrayer, sont considérés par eux comme une sorte de repos.

Ces individus, que la loi ne peut pas frapper comme des récidivistes, parce qu'en général leurs méfaits ne sont pas graves, y regarderaient peut-être à deux fois avant de retourner en prison, s'ils voyaient remplacer pour eux la vie commune par la cellule.

Ce serait un nouvel argument en faveur du régime cellulaire.

Jetons maintenant un coup-d'œil sur la statistique.

Sans vouloir nous étendre outre mesure sur ce côté de la question, qui a toujours une certaine aridité et qui ne donne pas généralement des preuves convaincantes, nous pouvons recueillir quelques chiffres dans ce rapport fait avec tant de soin par M. Bérenger, d'abord au point de vue des progrès de la récidive.

« Le nombre des individus poursuivis pour crimes ou délits à la requête du ministère public était, en 1825, de 18,251..... On en compte 168,946 en 1868..... La criminalité a triplé en l'espace de quarante-cinq ans.

» L'état de la récidive n'offre pas une situation moins inquiétante. Les progrès ont dépassé, pendant la même période de temps, toutes les prévisions.

» C'est depuis 1828 seulement que la statistique a commencé à rechercher le nombre des récidivistes. Elle en relevait alors 4,760. Elle n'en compte pas moins de 65,211, ou près de quinze fois plus pour 1868. »

Je ne puis, au sujet de la récidive, ne pas mentionner les casiers judiciaires qui vont permettre à M. Bérenger de donner un tableau exact de l'augmentation des récidivistes.

Les casiers judiciaires ont été fondés par M. Bonneville de Marsangy en 1850. Grâce à la double inscription, et à Paris et au lieu de naissance de chaque condamné, le casier de chaque prisonnier contient la mention de tout son passé criminel : on peut ainsi avoir des chiffres certains.

Laissant de côté les dix années qui ont suivi cette création pour permettre une installation bien complète des casiers, l'honorable rapporteur examine la statistique de la récidive à partir de 1860.

«.... Depuis cette époque, la progression n'a cessé de suivre la même marche ; il n'est presque pas une année qui ne donne un nombre de récidivistes de beaucoup supérieur à celui de l'année précédente. De 1860 à 1868, les chiffres s'élèvent de 42,761 à 65,211. »

Puisque nous sommes dans les chiffres, il ne faut pas laisser passer non plus ce tableau sur la

récidive, qui indique d'une manière palpable et
en même temps effrayante quels sont les dangers
qui menacent aujourd'hui la société.

*Tableau de la progression de la récidive par rapport au
nombre des individus poursuivis, par périodes de cinq
années.*

de 1829 à 1834	10 0/0.
1835 à 1839	12
1840 à 1844	18
1845 à 1849	18
1850 à 1854	20
1855 à 1859	26
1860 à 1864	32
1864 à 1869	37

Enfin pour les deux dernières années données
par la statistique, 1870 et 1871, 40 p. 0/0.

Comparé, non plus au nombre des individus
poursuivis, mais, ce qui paraît plus logique, à
celui des individus condamnés, c'est pis encore.

La moyenne monte pour les dernières années
à 44, 45, 48 et 50 récidivistes p. 0/0

*Nous en sommes donc arrivés au point que la
récidive représente actuellement la moitié de la
criminalité!*

Examinons maintenant la statistique au point
de vue du régime cellulaire.

Il faut bien rechercher si réellement ce sys-

tème entraîne avec lui des suites funestes pour
les prisonniers : je continue à m'emparer du rapport présenté par M. Bérenger : mieux vaut ici
copier que de dénaturer.

« L'expérience des États-Unis, de l'Angleterre,
de Genève était en outre invoqué (pour défendre
le régime cellulaire). Le régime le plus sévère,
celui de Cherry-Hill, n'avait donné qu'une mortalité de 2,14 sur 100 pour les blancs, dans une période de quinze années, lorsque cinq maisons du
système d'Auburn (système mixte, isolement pendant un certain temps, puis travail en commun)
perdaient, en 1843, 2,41 sur 100 de leur population. A Genève, aucun cas de folie n'avait été si-
gnalé dans les pénitenciers cellulaires, lorsque
dans le régime commun, l'irritabilité causée par
la contrainte du silence et la fréquence des puni-
tions avait conduit plusieurs détenus à la démence.

».... Il n'y a pas à Paris, de lieux de répression
où le nombre des malades ait été moindre, et celui
des décès plus faible qu'à Mazas. L'ensemble des
vingt-trois années donne, sur le chiffre de la population moyenne, une proportion de 1,2 p. 100.
Un peu plus élevée pour la Roquette (2 p. 0/0) et
pour la Santé (2,2 p. 0/0), la même proportion
n'est pour Louvain que de 1,4. En Hollande et en
Norwège, les décès n'atteignent même pas 1 p. 100.

» Bien supérieure dans nos maisons centrales
et nos maisons départementales, elle varie pour

les premières de 3 à 4, et pour les secondes de 4 à 5 pour 100.

» Ainsi se trouve justifiée cette proposition, établie dès 1853 par le Dr Lélut, que, sous le rapport du chiffre de la mortalité, les prisons cellulaires sont très supérieures, je veux dire très préférables, aux maisons d'emprisonnement collectif. »

Toutes les objections tombent en présence de ces chiffres.

A la statistique, si nous ajoutons le résultat des expériences faites par l'Étranger et même par la France, tant au point de vue moral qu'au point de vue financier, nous voyons qu'il était impossible de rester plus longtemps en arrière.

Non seulement les idées de moralisations ne permettaient plus des retards, mais l'existence même de la société était tellement ébranlée qu'il fallait agir, et agir dans le plus bref délai.

L'installation du régime cellulaire pour les condamnés à moins d'un an de prison était devenue pour notre pays une question de vie ou de mort.

Ici je me sépare de la Commission, puisque ses vœux se sont bornés à modifier le sort des condamnés à moins d'un an de prison.

Comme je le disais précédemment, il faudrait

aller plus loin et ne pas négliger les condamnés à plus d'une année de prison, quand ce ne sont pas des récidivistes.

Le système des quartiers d'amendement ayant été proposé, il faut expliquer en quoi consiste ce régime.

C'est dans le rapport de M. d'Haussonville que se trouve dépeint très exactement ce mode d'emprisonnement :

» L'institution des quartiers d'amendement et de préservation.... remonte à peine à quelques années. L'idée mère est celle-ci : soustraire à la corruption inévitable des maisons centrales un petit nombre de détenus chez lesquels on aura cru découvrir les indices d'une perversité moins grande ; les réunir, les uns avec les autres, en faire l'objet de soins particuliers ; concentrer en quelque sorte sur eux les efforts de tout le personnel consacré plus spécialement à la moralisation, et, par conséquence forcée, abandonner les autres à leur triste sort : en un mot, faire la part du feu....

».... Voici comment il est procédé pour le recrutement du quartier d'amendement : l'individu qui, par ses antécédents, paraît digne d'une certaine sollicitude, est placé d'abord au quartier d'isolement, en état d'observation. On étudie son caractère, ses dispositions, et pendant ce temps on prend auprès du parquet à la requête duquel sa condamnation a été prononcée et du maire du lieu de sa naissance, des renseignements sur ses antécédents moraux. A la suite de cette enquête, un conseil composé du directeur, de l'inspecteur, de l'aumônier, de l'instituteur, du greffier.... statue sur son admission.....

» Le régime suivi dans le quartier d'amendement est absolument conforme à celui qui est adopté pour le reste de la maison. Il ne s'agit point en effet d'atténuer la peine d'un certain nombre de détenus, mais de la leur faire subir dans des conditions plus morales. La seule différence consiste en ceci, qu'ils sont l'objet de la part du directeur, de l'aumônier et de l'instituteur, de soins plus assidus. »

Ce classement laisse loin derrière lui les *groupes* recommandés par la circulaire de 1853.

Il remplace partiellement le régime cellulaire qui, du reste, deviendrait d'une application dangereuse pour des peines de longue durée.

Grâce à ce triage, il y a encore espérance de ramener le coupable dans la bonne voie. Il faudrait donc faire participer à ce bienfait tout individu non-récidiviste qui, dans l'épreuve de l'isolement aurait donné des marques de repentir.

Mais il serait alors nécessaire d'agrandir ces quartiers d'amendement qui ne contiennent actuellement qu'un nombre très restreint de détenus, et ce serait une nouvelle source de dépenses.

Il y aurait là en effet beaucoup d'argent à débourser s'il fallait construire; mais ce n'est pas nécessaire dans l'état actuel des maisons centrales. Il suffirait d'augmenter le nombre des ateliers destinés aux non-récidivistes en diminuant les quartiers réservés aux autres détenus.

Là ne serait pas encore la plus grande difficulté. Le seul problème à résoudre serait celui consistant à obtenir l'isolement pendant la nuit, condition essentielle pour arriver à un résultat sérieux. Ce serait donc un nombre considérable de cellules nouvelles à créer!

Heureusement, M. d'Haussonville nous explique comment la Belgique et la Hollande ont trouvé la solution de ce problème :

«.... Dans les vastes salles qui servaient autrefois de dortoirs communs sont installées, dans le sens de la longueur et de la largeur, des cloisons en fer dont les intersections forment autant d'alcôves ayant trois côtés pleins, un plafond et un côté (celui de la porte) en treillage.

» Aussitôt que les détenus sont rentrés dans leurs alcôves, un mécanisme ingénieux ferme toutes les portes à la fois. Ainsi se trouve résolu le problème de la séparation des détenus au dortoir, sans qu'il soit nécessaire de construire des cellules nocturnes. Sans doute ce mode de séparation n'est pas aussi parfait qu'on pourrait le désirer, et les conversations sont rendues plutôt difficiles qu'impossibles. Mais un obstacle absolu est apporté aux communications immorales des détenus entre eux et sur ce point la sécurité est complète pendant la nuit..... »

Ainsi, dans chaque maison centrale, destinée soit aux condamnés à plus d'un an de prison, soit aux réclusionnaires, on pourrait utiliser un certain nombre de dortoirs suivant le nombre présumé des détenus et réclusionnaires, non-récidivistes, le tout sans dépenses réellement sérieuses.

Il y a encore une classe de non-récidivistes que nous avons laissée dans l'ombre : celle des hommes condamnés aux travaux forcés.

Que vont-ils devenir dans ce nouvel ordre de choses ?

Lorsque la loi du 30 mai 1854 a complètement modifié le sort des forçats, elle a dépassé son but. Voulant purger la France de cette catégorie d'hommes dangereux, elles les a tous envoyés à la Nouvelle-Calédonie ou à Cayenne, avec une restriction cependant qui était celle-ci : les condamnés à moins de huit ans pouvaient rentrer en France, après avoir séjourné dans les colonies un temps égal à celui de leur peine, une fois libérés ; ils restaient quatorze ans au lieu de sept.

Là était la faute. Transporter un homme et lui assurer son retour au bout d'un certain temps, c'est lui ôter toute idée de colonisation, et, en effet, les résultats furent si mauvais, que l'administration hésitait à faire ses rapatriements.

Il y avait, je crois, une autre marche à suivre.

La loi, par cette faculté laissée aux Cours d'assises, de donner plus ou moins de huit ans, permettait de faire une première séparation entre les hommes réellement dangereux et ceux qui étaient criminels « *d'accident* ». Il fallait transporter les criminels « *d'habitude* » et attendre pour les autres non-récidivistes que l'épreuve de l'isolement eût donné un résultat bon ou mauvais, ce qui permettait, en cas de réussite, de garder le condamné en France et d'éviter un transport coûteux et inutile.

En un mot, il fallait, dans les bagnes où se trouvent actuellement les dépôts de forçats attendant leur embarquement, créer des quartiers d'amendement et y conserver les condamnés dignes de pardon.

C'est ainsi que la loi, égale pour tous, donnait aux non-récidivistes la possibilité de réparer leur faute, sans mettre dans la balance le poids plus ou moins lourd de la peine à laquelle ils avaient été condamnés, puisque, encore une fois, ce n'est pas la gravité de la peine qui indique le degré de perversité d'un condamné !

Il nous reste à examiner, pour terminer cette étude, l'utilité de la transportation pour arriver à dompter certains récidivistes incorrigibles.

Jusqu'à présent, il semblerait que nous nous sommes beaucoup plus occupés de la défense des coupables que des intérêts de la société, bien qu'en réalité ce soit exactement le contraire.

Tous ces adoucissements proposés dans l'exécution des peines pourraient faire craindre une sorte de désarmement de la part des honnêtes gens, mesure dangereuse si véritablement le nombre des criminels augmente :

La société ne désarme pas ; elle cherche plutôt à augmenter son armée en relevant ces blessés que M. d'Haussonville appelle si justement les criminels d'accident.

Mais s'il est bon de pardonner à ceux qui se sont amendés, il est nécessaire de se garantir des attaques du criminel endurci. Plus la loi deviendra indulgente pour l'homme repentant, plus elle devra se montrer inflexible à l'égard de celui qui voudra persévérer dans le vice : le récidiviste incorrigible est une plaie pour la société, il doit cesser d'en faire partie.

« ... Il n'y a pas assez longtemps, dit M. d'Haussonville, que la transportation se poursuit dans des conditions régulières et favorables, pour qu'on puisse porter un jugement définitif sur ces résultats, dont on ne saurait sans injustice méconnaître l'importance, surtout depuis quelques années. Mais tant qu'on poursuivra cette épreuve, c'est-à-dire suivant toute probabilité pendant très longtemps encore, nous demanderons au moins qu'on la fasse aussi complète que possible, et qu'on tire du système de la transportation tous les avantages que ce système comporte : c'est-à-dire qu'on cesse de considérer la transportation uniquement comme un mode d'exécution de la peine des travaux forcés, et qu'elle devienne un mode nouveau de pénalité et comme une sanction suprême mise aux mains de la justice, après un certain nombre de récidives... »

Rien de plus juste. Le récidiviste, à la deuxième, troisième ou quatrième faute, suivant la gravité du délit ou du crime, sera transporté pour sa vie entière, mais à une condition cependant, c'est que la sentence soit prononcée par la Justice et non par l'Administration.

Non pas que je veuille critiquer cette dernière qui rend de grands services à la société, mais nous ne sommes pas encore assez éloignés d'une certaine époque (décret du 8 décembre 1851) pour avoir oublié jusqu'où peuvent aller les abus, lorsque les condamnations ne sont pas prononcées au grand jour.

Un dernier mot pour finir cette étude déjà trop longue.

On pourrait croire, après avoir vu ce triste tableau de l'humanité dégradée, que nous sommes en décadence. Il ne faut pas rester sur cette idée désolante, parce qu'elle n'est pas exacte. Peut-être

notre époque n'est-elle pas supérieure aux grands
siècles qui nous ont précédés, c'est possible ; mais
certainement elle peut leur être comparée sans
désavantage.

Au point de vue criminel, par exemple, nous
constatons que, si le chiffre des crimes augmente,
les criminels au contraire deviennent moins nombreux.

Et ce que j'avance n'est pas une utopie. Lisez
un dernier passage de ces enquêtes que je n'ai
pas craint de piller et vous serez convaincus que
je suis resté dans la vérité. ·

» Sans la récidive dit M. Bérenger, le mouvement de la criminalité décroîtrait depuis vingt ans
en France au lieu de progresser, car le nombre
des infractions commises par des inculpés sans
antécédents judiciaires va, depuis 1855, en diminuant..... C'est donc la récidive qui fait surtout
l'augmentation de la criminalité. Mais c'est la
prison qui fait la récidive. D'où la conséquence que
l'amélioration du système pénitentiaire doit influer
plus que tout le reste sur les deux formes que re-
vêt le fléau. »

DEUXIÈME PARTIE

BIBLIOTHÈQUE NATIONALE RF IMPRIMÉS

7

PRÉFACE

Cette seconde série d'études devait avoir pour
but de rechercher l'amélioration du régime pénitentiaire pour les femmes et les enfants, et d'exposer les travaux des Sociétés de patronage créées
en faveur des prisonniers libérés.

Mais l'attention publique est éveillée aujour-
d'hui sur ce point : la Société générale des Prisons
et tant d'autres réunions d'hommes éclairés continuent chaque jour leurs recherches pour améliorer
l'avenir des condammés.

Diriger les observations de ce côté, ce serait
donc faire un double emploi d'efforts qui peuvent
être utilisés à l'étude de questions moins connues
du public.

Les petits livres comme celui-ci doivent à
l'exemple des éclaireurs d'une armée, aller en
avant, sauf à ne pas être lus, s'ils viennent à
s'égarer dans des sentiers impraticables. Ce serait
déjà un grand honneur pour eux que d'avoir indiqué la route à suivre pour arriver à des réformes
négligées jusqu'alors, quand même le temps ne

serait pas encore propice pour faire un nouveau pas dans le progrès.

Je laisserai donc de côté les prisons et les patronages pour examiner quelques questions d'actualité, et notamment l'organisation de nos tribunaux correctionnels, question d'une grande importance au point de vue de la protection des intérêts publics et de la moralisation des coupables.

Paris, 15 avril 1878.

I

DU JURY CORRECTIONNEL[1]

> « Je suis personnellement le partisan du juge-
> ment par jury : j'aime cette institution, belle mal-
> gré ses imperfections ; mon désir est de la voir
> rétablie au sein de ma patrie, qui en fit présent à
> l'Angleterre au temps de la conquête de Guillaume
> le Bâtard. C'est par amour pour le jury que je
> cherche à le préserver d'un mouvement trop
> brusque : on ne peut pas nier qu'il augmentera
> beaucoup le nombre des mécontents parmi les
> gens de loi et surtout dans les praticiens... »
>
> THOURET.

§ 1.

Unité des juridictions pénales.

En France, les infractions aux lois pénales sont
divisées en trois classes :

Les *crimes,* qui sont traduits devant les Cours
d'assises;

1. Cette question a été traitée devant l'Académie des
sciences morales et politiques par M. Odilon Barrot, et plus
récemment par M. Jules Favre dans son livre sur la Réforme judiciaire, publié en 1877. C'est une bonne fortune
que de pouvoir s'abriter derrière des noms autorisés, quand
on étudie des questions nouvelles.

Les *délits,* qui sont du ressort de la police correctionnelle ;

Les *contraventions,* qui sont jugées par le tribunal de simple police.

Les Cours d'assises sont présidées par un conseiller à la Cour d'appel, assisté de deux conseillers ou de deux juges ; la Cour ainsi composée applique la loi d'après le verdict du jury. Cet arrêt est sans appel (sauf le recours en cassation pour vices de forme).

Les tribunaux correctionnels, composés au moins de trois juges, rendent leurs jugements sans l'assistance du jury. Ces jugements sont susceptibles d'appel.

Enfin, les tribunaux de police ont pour juge le juge de paix. Quand il y a condamnation à la prison ou à une amende supérieure à cinq francs, le jugement peut être attaqué par la voie de l'appel.

Trois juridictions différentes se trouvent donc en présence : les jurys, les juges, les juges de paix.

Quel était le but du législateur en maintenant ces trois modes d'administration de la justice?

C'est évidemment la question de responsabilité qui a présidé à l'adoption de ce système. Plus la peine est grave, plus la responsabilité des juges devient lourde à porter. Aussi la loi veut-elle la sanction d'un jury de douze membres pour prononcer une condamnation capitale, tandis qu'elle se contente de la décision d'un seul magistrat pour l'application d'une amende minime.

Mais à côté de la question de responsabilité, il y a aussi une question qui n'a pas été négligée et qui avait un grand intérêt pour les prévenus, c'est la célérité.

Il ne fallait pas, pour un délit, prolonger inutilement la prison préventive : c'est sans doute dans ce but que le jury, maintenu dans les Cours d'assises, n'a pas été admis devant la police correctionnelle. On a pensé que les affaires jugées par un tribunal auraient un dénouement beaucoup plus rapide que si la convocation de jurés était imposée pour cette sorte de juridiction. C'est ainsi que le second système a été préféré au premier.

De même, pour les contraventions, il a été reconnu qu'il fallait couper court à toute longueur de procédure, et, dès l'an IV, le Code du 3 brumaire enlevait aux corps municipaux la compétence que leur avait donnée la loi de 1791 en matière de contraventions, et la confiait à un magistrat unique.

Nous laisserons de côté la question des justices de paix, qui nous entraînerait trop loin de notre sujet, tout en faisant remarquer que les condamnations à la prison n'étant pas définitives, ce qui sera dit pour les tribunaux correctionnels pourra s'appliquer aux jugements de simple police frappés d'appel.

Il nous reste donc à examiner la différence qui existe entre la juridiction criminelle et la juridiction correctionnelle.

Cette question de célérité, dont nous parlions plus haut, était-elle un motif suffisant pour admettre deux modes différents dans l'administration de la justice?

Ou le jury est une institution digne d'être généralisée, ou la suppression de ces juges temporaires devient une nécessité.

Si le maintien du jury dans les affaires criminelles donne un résultat satisfaisant, pourquoi n'avoir pas étendu sa juridiction aux affaires correctionnelles?

On n'objectera pas ignorance de la part des jurés. Dans les délits comme dans les crimes, ce seront presque toujours des questions de fait qu'ils devront trancher, les questions de droit restant de la compétence des magistrats [1].

1. ... Il ne s'agit que de rendre à notre magistrature ce qui est de son essence, à savoir l'interprétation et le maintien de la loi en toute matière, et de lui retirer ce qui ne lui a été attribué qu'accidentellement, à savoir l'appréciation arbitraire du fait. En d'autres termes, il s'agit de retrancher de ses attributions celles qui l'égarent et la compromettent pour lui rendre, dans toute sa plénitude, celles qui constituent au contraire sa force et son honneur... (De l'organisation judiciaire en France, par Odilon Barrot.)

Est-ce donc uniquement dans le but d'obtenir une expédition plus rapide des affaires qu'il faut maintenir cet état de choses?

Si cette raison est la seule qui puisse être donnée, elle doit tomber d'elle-même quand on l'examine au point de vue moral : mieux vaudrait juger plus lentement, mais distribuer également la justice à tous.

Mais, au point de vue pratique, la justice peut être rendue tout aussi rapidement, malgré l'addition des jurys : nous examinerons plus loin les réformes à faire dans ce but.

Je sais bien que les Anglais, qui ont adopté partout le système des jurés, ont la réputation de prolonger les procès pendant des années entières. Mais c'est à leur procédure d'une prudence souvent exagérée qu'il faut attribuer cette lenteur un peu légendaire, et non pas aux jurés qui ne sont pour rien dans ces retards.

On objectait à Duprat les complications des procès en Angleterre ; il répond : « Qu'en Angleterre la procédure est très compliquée, mais que ce n'est pas la faute du jury. » (O. Barrot.)

Il ne faudrait pas croire non plus qu'en demandant la création du jury correctionnel on veuille s'attaquer aux juges actuellement chargés de ces lourdes fonctions.

La question n'est pas là : la magistrature est à l'abri de la critique et remplit consciencieusement son devoir; ce n'est donc pas à elle que s'adressent ces objections. C'est bien plutôt un principe d'économie sociale qui se présente à notre raison, l'égalité des citoyens devant la loi.

Cette égalité existe-t-elle entre deux hommes qui sont traduits devant les tribunaux, s'ils n'ont pas les mêmes garanties? La classification qui range la faute qu'ils ont commise dans la catégorie des crimes ou dans celle des délits n'est qu'une fiction[1]; tous deux, ils ont manqué à leur devoir, tous deux, ils doivent compte de leur conduite à la société, mais au moins faut-il leur donner des juges égaux en droit et en pouvoir!

« L'institution du jury, dit A. Laya dans son ouvrage sur le Droit anglais, repose sur un de ces principes d'équité si respectable, qu'il sert de base à la moralité des institutions civiles; et, si le droit peut avoir sa religion, certes rien n'est plus propre à en faire sentir l'influence pieuse, que

---

1. L'ordre naturel des idées semblerait être que de la nature du fait, de la gravité de l'acte coupable, dérivassent la qualification plus ou moins grave et la peine plus ou moins forte que le législateur juge à propos de lui imprimer. Dans cet article premier (Code pénal) on a suivi une marche toute contraire; au lieu de faire dériver de la gravité du fait la gravité du nom et de la peine; c'est au contraire de la gravité de la peine, sans s'inquiéter le moins du monde de la moralité du fait, que le législateur français fait dériver le nom qu'il imprime à cet acte... (Boitard, Leçons de droit criminel.)

cette admirable confiance de l'homme dans ses pairs; s'en remettant ainsi au jugement de ses semblables; s'inclinant devant la décision qui tire sa principale force de la communauté de leur opinion... »

Ce passage, qui s'adresse aux jurés civils, peut s'appliquer tout aussi bien au jury criminel. Cette institution, du reste, remonte aux temps les plus reculés. M. Faustin Hélie, dans la préface des Leçons de Droit criminel, par Boitard, s'exprime ainsi sur les origines du jury :

« ... Le jury, si la définition de ses pouvoirs est nouvelle, prend son origine dans les héliastes d'Athènes, dans les *judices jurati* des *quæstiones perpetuæ* de Rome, dans les *boni homines* appelés dans les justices de la première race, dans le concours des vassaux et des hommes de fiefs aux justices seigneuriales, dans la présence des bourgeois dans les assises des communes au xiiᵉ siècle, dans celle des pairs de l'accusé dans les cours féodales... »

Etendre la compétence des jurys aux affaires correctionnelles, ce serait créer l'unité dans les juridictions pénales.

§ 2.

Égalité des coupables devant la loi.

L'unité dans la juridiction pénale ne serait pas

le seul avantage qui naîtrait de l'extension du pouvoir des jurys. Une seconde considération doit peser d'un grand poids dans l'examen de cette question.

On admettra volontiers que le sort d'un homme prévenu d'un délit est tout aussi intéressant que celui d'un criminel, et que l'indulgence doit avoir une place plus large dans l'esprit des juges lorsqu'il s'agit de réprimer une faute légère.

Ce raisonnement semble juste et indiscutable. Il est facile de démontrer que c'est la doctrine contraire qui est suivie devant les tribunaux.

J'ai parlé ailleurs du droit de *pardon* qui existe en Angleterre et qui n'a pas été rétabli en France. Mais j'ai dit aussi que nos jurys avaient comblé cette lacune en prenant sous leur propre responsabilité le droit de pardonner quand l'accusé était digne de cette mesure de clémence. Comment considérer autrement un acquittement, lorsque le jury le prononce malgré les aveux du coupable? Souvent c'est une cause de récriminations de la part du ministère public, et il peut avoir raison de regretter ces résultats. Mais la faute retombe sur l'imperfection de notre législation pénale, et, à ce sujet, je me permettrai une courte digression.

Si le pardon était admis légalement comme l'ont été les circonstances atténuantes, non seulement il offrirait un effet souvent moralisateur, mais il donnerait aux magistrats le pouvoir de frapper sévèrement les coupables qui n'auraient pas su profiter du pardon, puisque ces récidivistes seraient condamnés comme tels, dès leur seconde comparution devant la justice.

On rentrerait même ainsi dans les idées de M. Lucas, lorsqu'il déclare que les condamnations de courte durée ne peuvent pas donner le temps nécessaire pour moraliser les condamnés. En effet, si on admet le pardon et l'homme pardonné puni sévèrement la seconde fois comme un véritable récidiviste, l'effet moralisateur du régime cellulaire aura une influence plus certaine sur lui et on pourra espérer le relever malgré cette double chute, grâce à la prolongation de son emprisonnement.

« ... Lorsque l'éducation pénitentiaire se trouve en présence de mauvais instincts à réfréner, de dangereuses habitudes à déraciner et à remplacer par les habitudes d'une vie honnête et régulière, il lui faut du temps, il lui faut au moins deux ans à son point de départ. C'est aussi le *minimum* généralement accepté par la pratique[1]. Entre le *maximum* répressif d'un an et le *minimum* pénitentiaire de deux ans, il y a un intervalle qui pré-

1. M. Lucas suppose trois classes de prisonniers : les prévenus qui ne peuvent être que détenus, les condamnés à courte durée qui sont détenus et réprimés, enfin les condamnés à long terme qui sont détenus, réprimés, amendés.

cise utilement la ligne de démarcation à tracer entre les deux genres d'emprisonnement.

Cette innovation a d'abord un peu étonné des criminalistes, parce qu'on n'avait admis antérieurement entre les degrés de l'échelle de l'emprisonnement aucune solution de continuité. Mais cette innovation compte déjà dans quelques États, et notamment en Hollande, une application pratique qui, je le crois, ne tardera pas à se généraliser dans les codes progressifs de la législation criminelle. » (Allocution de M. Charles Lucas, membre de l'Institut. — Séance de la Société générale des Prisons, du 7 juin 1877.)

Revenons à l'inégalité du sort des prévenus comparé à celui des accusés. Les jurys prononcent, disions-nous, des acquittements qui sont un véritable pardon. Les magistrats des tribunaux correctionnels peuvent-ils suivre cet exemple? Le juge est lié par la loi bien autrement que le juré. Devant des aveux, il est obligé de sévir, quoiqu'il lui en coûte : c'est son devoir, tandis que le juré qui ne donne qu'une appréciation de fait peut se montrer beaucoup plus indulgent, et il ne doit compte de sa faiblesse qu'à sa propre conscience! Que de fois nous avons vu le magistrat hésitant prononcer une condamnation avec regret. Mais il est l'esclave de la loi, et son cœur doit se taire quand la loi se dresse devant lui inexorable.

Peut-il maintenant rester un doute sur la différence injuste qui existe entre la répression du crime et celle du délit?

L'égalité renaîtra forcément quand les juges seront les mêmes pour tous les coupables.

Enfin, il ne faut pas oublier que, dans ce siècle de progrès, plus la civilisation s'étendra de toutes parts, plus les pénalités devront s'adoucir, et plus aussi les formalités devront augmenter pour arriver au triste résultat de déshonorer un homme :

« Dans les États modérés, où la tête du moindre citoyen est considérable, on ne lui ôte son honneur et ses biens qu'après un long examen; on ne le prive de la vie que lorsque la patrie elle-même l'attaque; et elle ne l'attaque qu'en lui laissant tous les moyens possibles de la défendre. » (Montesquieu, De l'Esprit des Lois, liv. VI, ch. 2.)

§ 3.

Impartialité des jurys et indépendance des magistrats.

Une troisième considération qui a aussi une grande importance, nous reste à examiner.

La première qualité à exiger d'un tribunal, c'est l'impartialité. La demander complète, ce serait exiger une vertu surhumaine. Il faut cependant reconnaître que les esprits peuvent être plus ou moins disposés à se rapprocher de cette perfection ou à s'en éloigner, suivant qu'ils auront été cultivés dans telles ou telles dispositions.

Or, il est incontestable qu'un juré, magistrat temporaire, ne se trouve pas dans la même situation d'esprit que le juge, magistrat inamovible. Si l'inexpérience du premier peut quelquefois lui être reprochée, la vie prolongée du second dans le milieu fatigant des affaires criminelles a bien aussi ses désavantages. Un jury se laisse parfois tromper par l'hypocrisie d'un accusé, ce qui n'est pas à craindre de la part du magistrat; mais le juge, lui aussi, voit souvent le mal là où il n'est pas, et ce n'est pas sa faute; quand on a vécu pendant un certain nombre d'années, coudoyant sans cesse le vice, on est porté malgré soi à voir l'humanité sous un jour bien sombre, et, que l'on soit magistrat ou avocat, il faut prendre beaucoup sur soi pour ne pas tomber dans le travers de la misanthropie!

« Le jury n'est point une institution arbitraire et capricieuse, il sort de la nature des choses, il n'est qu'une application du grand principe de la division du travail; les qualités qui font le bon juge du droit, non seulement ne sont pas nécessaires pour bien juger le fait, *mais sont contraires.*

» La cause du jury a été mal défendue. On l'a déifié; on lui a attribué le don de l'infaillibilité: non, il n'est pas infaillible, mais pour le jugement des questions de fait et d'art, il offre plus de

chances de bonne justice que des tribunaux per-
manents, composés de jurisconsultes, et cela suffit,
parce que le bien absolu est une chimère et qu'il
faut se contenter du bien relatif. (M. Bonjean.) »

. Le juré est donc dans une disposition d'esprit
de beaucoup préférable pour juger avec impartialité ; il n'a pas de prévention contre l'accusé :
c'est son égal, tant qu'il ne l'a pas reconnu coupable. Voyez, en Angleterre, les égards qui en-
tourent la personne du prévenu jusqu'au moment
où le jury se prononce sur son sort. Un écrivain
pourrait-il, chez nos voisins, faire imprimer, sans
sortir de la vérité, ce passage tiré des leçons de
droit criminel de Boitard :

« Il faut songer, dans l'intérêt même des prévenus, que la publicité des débats criminels, la
solennité dont la loi les entoure est si grande, que
c'est déjà une peine grave, une *flétrissure* pour
un homme d'y être soumis, quand même il en
sortirait un arrêt d'acquittement. »

Eh bien! le savant professeur, en s'exprimant
ainsi, était dominé lui-même par cet esprit d'exagération que je reprochais aux magistrats. Il est
certain que l'homme dont l'innocence est prouvée
manifestement peut sortir de la Cour d'assises la
tête haute : la flétrissure n'atteindrait que le coupable acquitté par un verdict contestable, et ce
sont fort heureusement des cas assez rares.

En résumé, la création de jurys correctionnels

8

présente trois avantages principaux pour les justiciables : unité de juridiction, égalité des coupables devant la loi, impartialité plus complète
des juges.

Mais la magistrature n'en tirerait-elle pas elle-
même un certain bénéfice?

L'indépendance qui est son plus bel apanage,
ne trouverait-elle pas de nouvelles garanties dans
cette modification?

Je ne fais pas ici allusion aux affaires ordinaires.
L'influence du plaideur n'est plus à craindre dans
une société comme la nôtre, et le magistrat est
trop pénétré de l'importance de ses fonctions pour
se laisser aller à la tentation d'écouter de honteuses sollicitations [1]. Il domine ces questions qui
ne touchent du reste ses propres intérêts que
d'une manière indirecte. Quelle pression peut-on
redouter de sa part quand il lui faut réprimer un
délit de droit commun?

« Le vrai magistrat, dit le président Henrion
de Pansey dans son livre sur l'Autorité judiciaire

1. « Quand j'affirme que le droit n'est pas suffisamment
garanti en France, je ne parle pas, bien entendu, des influences d'argent. Chez nous la justice est pure de cette
souillure, et je rougirais même de lui en faire un mérite,
car, en France, il est bien rare de rencontrer une telle bas-
sesse, même dans les degrés les plus infimes de la société.
— Je parle surtout de ce qu'on appelle les influences politiques... (De l'organisation judiciaire en France, par Odilon Barrot).

en France, le vrai magistrat, tout entier à l'exercice de ses fonctions, étranger, pour ainsi dire, aux autres classes de la société, ne partage ni leurs passions, ni leurs plaisirs, ni leurs prétentions, ni leurs jalousies. »

C'est là un fidèle portrait du magistrat indépendant, et il faut reconnaître que c'est le modèle suivi dans nos tribunaux.

Mais il ne s'agit là que de passions, que de jalousies entre particuliers. Cette indépendance restera-t-elle la même si le théâtre de la lutte s'agrandit tout-à-coup, si les prétentions privées font place aux débats politiques?

Tout change dans ce nouveau combat : entre le gouvernement et ceux qui l'attaquent, il faut que le magistrat prenne un parti; il a ses convictions comme tout le monde, il se passionne, et il est bien à craindre qu'il ne juge suivant ses affections et quelquefois au mépris de la loi!

« Lors même que, longtemps déchirée par des discordes civiles, une nation a perdu ses institutions, ses lois et ses mœurs, le mal n'est pas sans remède, si l'autorité judiciaire n'est pas totalement anéantie, si les tribunaux conservent encore le sentiment de leur indépendance, de leurs devoirs et de leur dignité. »

Belle parole d'Henrion de Pansey et grande vérité!

Quand un gouvernement en est arrivé à solli-

citer des arrêts et à trouver des juges pour les prononcer, c'est un signe précurseur d'une chute pro-
chaine !

Lisez aussi la circulaire adressée le 20 juin 1871,
par M. Dufaure, aux Procureurs généraux : M. le
Garde des Sceaux blâme sévèrement le magistrat
qui se laisse entraîner à la lutte politique :

« .Je trouve, sur les listes des candidats à l'Assemblée nationale, que publient les journaux, les
noms d'un certain nombre de magistrats du parquet, et il m'est impossible de ne point m'en préoccuper au point de vue judiciaire.

» De notre temps, les luttes politiques sont généralement ardentes et le magistrat qui s'y jette,
qu'il en sorte victorieux ou vaincu, n'aura plus,
le lendemain du scrutin, la même situation qu'il
avait la veille.

» Son nom sera directement associé à des espé-
rances ou à des ressentiments qui feront suspecter
son impartialité. »

Arrêtons-nous sur ce terrain glissant et revenons à l'indépendance du magistrat.

Si tous les délits politiques étaient soumis à
l'examen du jury, la responsabilité du juge se
trouverait complètement dégagée. C'est tellement
vrai que nos nouvelles lois sur la presse renvoient
devant la Cour d'assises une certaine catégorie de
délits politiques.

Ce premier pas ne sera certainement pas le dernier, et l'institution du jury a donné de trop bons résultats en France, pour que nos législateurs craignent d'en faire un usage général pour toutes les questions de fait, au moins au point de vue des crimes et des délits [1].

N'avons-nous pas le jury pour les expropriations, et ne donne-t-il pas chaque jour des preuves de son habileté dans la distribution si souvent délicate des indemnités? Dirigé par un magistrat, gardien vigilant de la loi, ce jury est accepté par tous, et personne n'a eu, jusqu'à ce jour, l'idée de demander sa suppression.

Les tribunaux de commerce ne sont-ils pas eux-mêmes de véritables jurys? Il faut bien reconnaître, à la vérité, que leurs jugements ne sont pas toujours à l'abri de tout reproche, et que souvent leurs décisions sont réformées par les Cours d'appel.

---

1. «.... Je sais quelles objections nombreuses soulève l'institution du jury civil. Leur examen et leur discussion ne sont pas dans mon dessein, dont je me suis peut-être trop éloigné. Désirant appeler l'attention de mes collègues et de mes concitoyens sur les réformes que réclame suivant moi, notre organisation judiciaire, je ne pouvais passer sous silence un système qui compte déjà d'illustres partisans et se recommande par un très remarquable commencement d'application pratique. Je crois qu'à l'exemple de nos voisins, nous agirions sagement en étendant cette application partout où elle est possible sans un trop grand trouble à nos habitudes, notamment à la juridiction correctionnelle..... » (J. Favre. De la réforme judiciaire, p. 98).

Mais la faute ne doit pas retomber sur eux : ils sont une preuve vivante du danger que fait naître la confusion des questions de fait avec les questions de droit.

Le commerçant le plus intelligent ne peut pas être en même temps jurisconsulte infaillible : il juge selon l'équité et quelquefois il néglige le droit. Si les tribunaux de commerce étaient, comme les jurys d'expropriation, dirigés par un magistrat de l'ordre judiciaire, les jugements commerciaux seraient plus souvent à l'abri de la critique.

« Il y aurait lieu d'examiner s'il ne vaudrait pas mieux supprimer le droit d'appel et le remplacer par l'intervention d'un magistrat chargé de résoudre les points de droit souvent très délicats qui se présentent dans les procès commerciaux ; ce qui rapprocherait encore davantage l'institution des tribunaux de commerce de celle d'un jury ordinaire.

» C'est ainsi que les choses se passent en Angleterre, et l'on ne voit pas que les intérêts du commerce en souffrent. » O. Barrot.

Ainsi, grâce aux jurys, d'un côté nous voyons les justiciables entourés de garanties plus nombreuses ; d'un autre côté, les magistrats affermis dans leur indépendance.

Mais ce n'est pas tout ; les moyens de défense que Montesquieu réclame si complets pour le citoyen soupçonné, ces moyens vont acquérir une extension considérable, puisque le pouvoir discrétionnaire des juges se trouvera augmenté.

Ce n'est pas seulement l'indulgence, mais le pardon que le coupable pourra implorer devant le jury, et c'est alors que le rôle de l'avocat bien effacé devant la juridiction actuelle reparaîtra plein d'une juste importance devant ces nouveaux tribunaux.

§ 4.

Des droits de la défense.

L'indulgence est-elle utile? Je l'ai déjà dit en traitant du *Pardon en Angleterre :* « Une leçon bien donnée a souvent une portée morale bien supérieure au châtiment mérité. » La seule comparution devant le justice peut suffire quelquefois pour arrêter un homme sur la pente fatale.

Le prévenu ne devrait donc pas comparaître devant les tribunaux sans un défenseur : la parole de l'avocat devant le jury pèserait d'un grand poids dans les décisions d'une magistrature essentiellement portée à des mesures d'humanité.

J'entends les objections qui s'élèvent de toutes parts. — Eh quoi! le jury sera condamné à entendre des plaidoiries pour les délits les moins contestables? Des heures précieuses s'écouleront à juger des faits avoués, des flagrants délits? Puisque nous sommes dans le champ des innovations, ne serait-il pas préférable, au moins, d'admettre la distinction anglaise de *coupable* ou *non coupable?*

Malgré toutes ces objections, je crois, pour mon compte, qu'il serait juste de donner une défense aussi complète à l'homme qui commet le plus petit des délits qu'à celui qui s'est rendu coupable d'un grand crime. Non seulement, le premier est beaucoup plus intéressant que le second, mais la société a plus d'intérêt et de facilité à ramener au bien celui qui mérite une réprimande que le criminel endurci.

Quant au *guilty* ou *not guilty* des Anglais, on oublie que, lorsque l'accusé se présente devant le petit jury ou jury de condamnation, l'examen a déjà été fait par le grand jury ou jury d'accusation et par le juge, qui avaient le droit, celui-ci de pardonner, celui-là d'arrêter la poursuite par un acquittement.

En France, le juge d'instruction n'a pas un pouvoir aussi étendu et les jurys d'accusation n'existent pas. Admettre la division proposée, ce serait donc ôter aux jurys le droit de pardonner. (Dans le système anglais, le jury n'a pas à se prononcer lorsque le prévenu plaide *coupable*.)

Mais, que la procédure soit modifiée ou non, il est juste de donner un avocat à tous les prévenus, aussi bien en police correctionnelle que devant la Cour d'assises[1].

Ce n'est certainement pas le barreau qui reculera devant ce surcroît de travail. Comme devant les Conseils de guerre et les Tribunaux actuels de police correctionnelle, la défense serait présentée en termes concis mais suffisants : l'avocat pourrait même s'en rapporter à la justice dans les affaires qui ne comporteraient pas de plaidoirie, mais au moins, il serait présent en cas d'incidents imprévus : ce ne serait donc pas une prolongation inutile dans l'expédition des affaires, et les avocats stagiaires trouveraient là une excellente école pour se former. Mais admettons même que la durée des audiences se trouve prolongée : je le disais au début, la question de temps ne doit pas primer la question de justice.

Arrivé à ce point de notre étude, nous nous trouvons conduit à étudier le rôle de l'avocat dans les affaires correctionnelles; il ne serait peut-être pas hors de propos de rechercher si les lois ac-

---

1. Le problème à résoudre ici consiste à améliorer les nécessités de la répression avec les garanties dues aux accusés, deux choses qui paraissent se contrarier et qui cependant se confondent, car sans sécurité point de liberté, et sans liberté point de sécurité. Tout système de procédure criminelle qui exagère les pouvoirs de la justice répressive aux dépens de la liberté, ou bien qui exagère les garanties des citoyens aux dépens de la répression, est donc essentiellement mauvais et doit être réformé (O. Barrot.)

cordent, aussi bien aux accusés qu'aux prévenus, les moyens suffisants pour préparer leur défense. Nous reviendrons ensuite au jury correctionnel pour l'étudier au point de vue pratique.

Cette question de la défense est aujourd'hui à l'ordre du jour. L'instruction contradictoire, tel est le vœu de jurisconsultes nombreux ! C'est une idée généreuse; mais elle a besoin, je crois, de tempérament : la société serait atteinte dans sa sécurité s'il fallait entrer dans cette voie sans recourir aux mesures de prudence les plus minutieuses.

Il faut reconnaître tout d'abord que les instructions sont faites d'une manière à peu près satisfaisante. Le pouvoir du juge d'instruction contrebalancé par celui du procureur de la République, se trouve suffisamment contrôlé pour éviter généralement les abus.

La suppression, par la loi du 17 juillet 1856, des chambres du conseil était-elle une modification utile? C'est une question délicate. Si, d'un côté, les décisions de cette chambre couvraient la responsabilité du juge d'instruction, d'un autre côté, la procédure avait des longueurs préjudiciables pour le prévenu. La procédure actuelle a donc ses avantages, comme elle peut avoir ses mauvais côtés, mais elle est, je crois, préférable au système anglais des jurys d'accusation qui n'a même pas été accepté par l'Ecosse. C'est une complication inutile.

En Angleterre, en effet, le jury d'accusation est appelé à examiner s'il y a lieu de renvoyer le prévenu devant le petit jury, mais ce n'est pas lui généralement qui fait l'instruction ; elle est confiée aux shérifs, aux constables, juges de paix et coroners ; comme en France, ces magistrats recherchent la trace des délits et des crimes, font les arrestations, entendent les témoins. Le dossier arrive donc déjà complet devant le grand jury, comme ici devant la chambre des mises en accusation.

Faut-il avoir recours à cette nouvelle juridiction pour compléter l'instruction correctionnelle ; c'est une juridiction peut-être utile dans les affaires graves, mais bien lente quand il s'agit de simples délits ?

On a reconnu, en France, que les jurys d'accusation avaient de grands inconvénients : l'instruction était faite en l'absence de l'accusé, la contradiction ne pouvait pas être soulevée entre les témoignages et le système de la défense ; il fallait une grande habitude des débats judiciaires pour pouvoir se prononcer d'une manière satisfaisante dans la plupart des affaires. On sortait des questions de fait pour tomber dans des questions de droit : la Chambre des mises en accusation a l'expérience nécessaire pour l'étude de semblables

questions; le jury d'accusation manquait de pratique. Aussi l'institution de ces jurys, après avoir
été modifiée dès 1791, a-t-elle disparu de nos
Codes en 1810; c'était un rouage inutile.

La critique ne doit donc pas porter sur les instructions, au point de vue de l'organisation des
pouvoirs du magistrat : les intérêts de la société
sont protégés d'une manière suffisante par le soin
qui est donné au travail de l'instruction. Mais en
est-il de même pour le prévenu? Sa défense est-
elle réellement libre?

C'est ici que les réclamations des partisans de
l'instruction contradictoire doivent être examinées
avec soin.

Il est certain que les prévenus, et les accusés
eux-mêmes, se trouvent dans une position inférieure vis-à-vis de l'accusation, dans notre système actuel, ce qui est injuste [1].

1. J'ai sous les yeux une page trop bien écrite sur les
droits de la défense pour résister au plaisir de la reproduire : elle est tirée du discours prononcé par M. Poodts,
avocat, dans la séance de rentrée de la conférence du jeune
barreau de Gand, le 17 novembre 1877. Ce discours avait
pour sujet l'inviolabilité du secret de la part du défenseur,
et je lis ce passage :

«.... Nous dira-t-on que l'avocat pourrait être un témoin
principal, essentiel à l'accusation? Nous répondrons qu'a-
vant de songer à la société qui accuse, il faut se préoccuper
de l'individu accusé. On ne peut oublier en effet que le
droit de défense de l'individu n'est pas égal mais supérieur

En police correctionnelle, l'assistance d'un défenseur n'est même pas exigée par la loi !

Devant la Cour d'assises, il faut un avocat, mais à quel moment cette désignation est-elle faite ? Vingt-quatre heures après la signification de l'arrêt de renvoi devant la Cour d'assises (Code d'I. crim., art. 293 et 294) avec cinq jours de délai pour former les demandes en nullité ! Ajoutons que, pour faciliter la tâche de la défense, une seule copie du dossier (très incomplète du reste), est délivrée gratuitement aux accusés, quel que soit leur nombre. (Même Code, art. 305.)

Ainsi, pendant tout le cours de l'instruction, l'accusé est réduit à peser lui-même ses moyens de défense. Il ne connaît pas les formes de la procédure et laisse échapper les secours qui lui sont offerts par la loi elle-même.

Lorsque l'arrêt de renvoi devant la Cour d'as-

au droit de poursuite de la société. Non pas en soi, nous le voulons bien, les deux droits sont également respectables. parce qu'ils sont également nécessaires ; mais il ne faut jamais perdre de vue que si, sans le droit de punir, la société ne saurait se maintenir, elle ne périra pas parce qu'un coupable ou parce que cent coupables échappent à la peine. Ce n'est donc là toujours qu'un mal moindre, la perte d'un innocent au contraire est un malheur immense et irréparable. Or, tout accusé est innocent aux yeux de la loi tant que sa culpabilité n'a pu être démontrée par la justice et légalement démontrée par elle. Jusque-là donc il doit être traité avec tous les égards dus à l'innocence et avant

sises a été signifié à l'accusé, l'instruction a déjà
passé par les mains du juge d'instruction, du
procureur de la République, du procureur général et de la Chambre des mises en accusation.
Pendant toutes ces phases, l'accusé pouvait invoquer de nombreuses exceptions : tels sont, par
exemple, l'art. 114 du C. d'I. crim. sur la liberté
provisoire et l'art. 539 du même Code sur l'in-
compétence. Il avait aussi le droit de présenter à
la Chambre des mises en accusation tels mémoires
qu'il aurait estimé convenables (C. I. cr., art. 217).
Que deviennent ces moyens de défense dans les
mains d'un ignorant? Des armes absolument inu-
tiles. L'assistance d'un conseil changerait complètement la position de l'accusé et l'équité y ga-
gnerait assurément.

Il ne faut pas conclure de là que la présence de
l'avocat soit nécessaire dès le début de l'instruction : nous tomberions dans l'excès contraire : ce
serait compromettre la sécurité publique en di-
vulguant les secrets de l'instruction : les premiers

tout il faut craindre de jamais porter la moindre entrave à
la défense....

... L'immunité que nous réclamons ici pour la défense,
nous semble donc aussi bien que le droit du secret proprement dit découler de nos lois répressives. Est-ce donc trop
que lorsque la société entière menace l'un des siens et
qu'armée de toutes les forces que lui donne sa formidable
organisation, elle essaie de l'accabler, lui demandant tout

pas dans la recherche du crime sont difficiles et, avant d'arriver à faire la lumière, le juge suit des pistes souvent trompeuses.

Mais comment apprécier le temps nécessaire pour terminer cette partie de l'instruction que j'appellerai l'instruction *secrète?* Telle affaire peut être instruite rapidement, telle autre demande quelquefois des mois entiers! Où est la limite? C'est un point certainement délicat que de fixer le moment précis où la communication entre le prévenu et son avocat doit être autorisée. Voici cependant un exemple dans lequel nous voyons les pouvoirs du juge d'instruction resserrés dans d'étroites· limites; c'est lorsqu'il s'agit de la liberté provisoire dans les affaires correctionnelles (quand le maximum de la peine sera inférieur à deux ans d'emprisonnement). La loi du 14 juillet 1865 (C. I. cr., art. 113) ordonne la mise en liberté provisoire du prévenu *domicilié,* et cette mise en liberté est de droit *cinq jours* après l'interrogatoire : que l'instruction soit complète ou

ce qu'il doit aimer le plus, l'honneur, la liberté, sinon la vie même, est-ce trop qu'il se trouve un homme au moins pour assister l'individu dans cette terrible lutte de tous contre un seul? Est-ce trop que jusqu'au bout cet homme lui reste fidèle, ne pouvant jamais, quoi qu'il arrive, se lever contre lui pour devenir de défenseur qu'il a été jusque-là, son accusateur?......

(*La France judiciaire,* 1er avril 1878.)

inachevée, le prévenu ne doit pas être maintenu en prison.

Est-il plus difficile de limiter l'instruction secrète? Je ne le pense pas.

Partant du principe qu'un prévenu ou accusé ne comparaîtra jamais devant la justice sans un défenseur, le premier devoir du magistrat sera de lui faire donner un avocat, tout en se réservant le droit de ne signer le permis de communication qu'en temps utile.

Puis, si nous sommes en police correctionnelle et que le prévenu soit sous le coup de la loi du 20 mai 1863 (flagrants délits), la communication aura lieu aussitôt après l'interrogatoire subi devant le procureur de la République; si le temps fait défaut pour prévenir l'avocat, l'affaire sera remise de droit au jour suivant, mesure qui n'a rien d'illégal puisque l'inculpé peut demander un délai de trois jours pour préparer sa défense (art. 4).

Est-ce une affaire correctionnelle ou criminelle? Pourquoi ne pas fixer une limite après laquelle le secret ne pourra être continué qu'avec l'autorisation du procureur de la République, autorisation qu'il n'accordera qu'après avoir entendu l'avocat dans ses observations? Cette prolongation du secret serait elle-même limitée. Le juge d'instruction conserverait ainsi toute sa liberté d'action, mais sous le contrôle du parquet et de la défense.

Mais il ne faut pas aller trop loin et autoriser le défenseur à assister aux interrogatoires, dans le cabinet du juge d'instruction, comme le demandent quelques criminalistes. Ce serait créer une position fausse tout aussi bien pour l'avocat que pour le magistrat : cette immixtion du barreau dans l'instruction pourrait amener des froissements et des querelles indignes de l'Ordre et de la Magistrature.

Il suffit donc de désigner un avocat dès le début de l'instruction : les droits de la société seront ainsi respectés, mais la marche de la procédure dans l'intérêt du prévenu se trouvera confiée à des mains exercées, et la prison préventive cessera de dépendre de la volonté des juges d'instruction. Il faut bien le reconnaître : à Paris principalement, la durée de la prévention atteint quelquefois des limites qui ne sont pas en rapport avec le degré de culpabilité du prévenu. Que dire lorsque ces longs mois de prison sont suivis d'un acquittement !

Quel est l'avis de M. Jules Favre ?

« Une procédure publique à chacune de ces phases serait, malgré ses incontestables inconvénients, certainement préférable à celle qui n'accorde la garantie de la publicité à l'inculpé que lorsque le mal causé par le secret est trop souvent irréparable. Elle est pratiquée en d'autres pays avec de notables avantages, elle l'a été par nos

9

ancêtres. Elle n'a été abandonnée que par l'influence de l'Église, dont les formes inquisitoriales ont été adoptées par les ordonnances royales de 1539 et de 1670 [1]. Rétablie par l'Assemblée constituante, elle fut de nouveau abolie par le Code de 1808. Je ne demande pas qu'on la remette en vigueur. Je me range volontiers au sage avis de M. Faustin Hélie, qui dit dans le document que j'ai cité plus haut (De la mise en prévention des inculpés, le *Droit,* 14 juin 1876) :

» Les réformes qui s'écartent le moins des pratiques reçues sont celles qui ont le plus de chances d'être accueillies, et, si elles apportent au mal un remède suffisant, il vaut mieux les employer.

« En se plaçant sur ce terrain de prudence et de circonspection, il est permis de proposer que l'inculpé soit, dès le début de l'instruction, informé de l'objet de la prévention; que, s'il est arrêté, il ait immédiatement la faculté d'appeler un avocat ou un avoué; qu'il puisse exiger sa

---

1. Ce n'est guère que vers la fin du xiiie siècle que cette substitution (la procédure inquisitoriale substituée à la procédure contradictoire) s'opéra à la suite des décrétales des papes Innocent III et Boniface VIII. Jusque-là, les droits de l'accusé et de l'accusateur étaient les mêmes dans l'instruction. Ils étaient assistés de leurs conseils, et le juge n'intervenait entre eux que pour lever les obstacles légaux qui auraient rendu impossible le cours de la justice (O. Barrot).

confrontation avec chaque témoin; qu'il lui soit donné connaissance, à mesure qu'elles se présentent, des charges qui se reproduisent contre lui. Il n'est pas moins nécessaire de confier le pouvoir de prononcer la mise en prévention ou le renvoi à un magistrat autre que celui qui a fait l'instruction, et d'accorder à l'inculpé le droit de référer cette ordonnance au juge du second degré.... »

§ 5.

Les jurys correctionnels au point de vue pratique.

Pour compléter cette étude, il nous reste à examiner le côté pratique de l'établissement des jurys en matière correctionnelle [1].

Si les considérations morales que j'ai tenté d'exposer dans ces premiers chapitres doivent être

---

1. «... En Allemagne, les tribunaux mixtes connus sous le nom de tribunaux d'échevins (Schœffengerichte).... sont, jusqu'ici, exclusivement chargés des affaires correctionnelles, que beaucoup de jurisconsultes français voudraient voir soumises au jury. Cette expérience a été tentée dans plusieurs États situés de l'autre côté du Rhin, et son succès y a été complet... » J. Favre. (De la réforme judiciaire, p. 94.)

admises comme raisonnables, l'exécution du projet devient un devoir pour nos législateurs, cette modification dût-elle coûter des sacrifices.

« Il faudra, prétend-on, changer entièrement le Code civil et le Code criminel. Peut-on faire une objection de l'humaine nécessité de détruire un Code barbare : les nations n'ont qu'un moment pour devenir libres ; un législateur habile ne laisse pas échapper ce moment qui ne revient qu'après des siècles. » (Dupont, cité par O. Barrot.)

Quels sont ces sacrifices ?

Il n'y en a pas au point de vue financier. Le budget se trouverait allégé dans ses dépenses par la suppression de la Chambre des appels de police correctionnelle, juridiction perdant son utilité après la création des jurys correctionnels : les arrêts de la Cour d'assises sont sans appel ; il en serait de même pour les jugements, tout en maintenant le pourvoi en cassation pour vices de formes, bien entendu:

Au point de vue de l'organisation, rien ne serait changé à la procédure actuelle : la seule différence se résumerait dans l'adjonction du jury sans un verdict duquel le tribunal ne pourrait prononcer aucune condamnation contre les prévenus présents à l'audience.

Une seule modification serait donc nécessaire : l'augmentation de la liste des jurés.

Les délits soumis à ce nouveau jury entraînant

des peines moins graves que celles prononcées par les Cours d'assises, le nombre des jurés pourrait être réduit de moitié : il suffirait de six jurés pour prononcer un verdict correctionnel.

Le tribunal serait composé de trois juges qui pourraient être remplacés dans le cours de la même session suivant les besoins du service.

A Paris, quatre chambres sont chargées des affaires correctionnelles : ce serait donc un nombre de vingt-quatre jurés qui deviendrait nécessaire pour former les jurys. En prévision des maladies, excuses, récusations (ces dernières ne pourraient être faites que pour causes spéciales et motivées, soit parenté, soit tout autre motif exceptionnel), cette liste serait portée au chiffre de 36, y compris les jurés supplémentaires.

Chaque session aurait une durée de six jours, les audiences commençant le lundi matin pour se terminer le samedi soir.

Le plus ancien président formerait à chaque audience, par la voie du sort, les quatre jurys, après avoir réuni les 36 noms dans la même urne : l'indépendance des jurés se trouverait ainsi assurée contre les sollicitations importunes.

Est-ce un grand sacrifice à exiger d'un citoyen que de lui demander, pendant une semaine (en deux ans au maximum), l'accomplissement d'un devoir qui est un véritable honneur ? Cette objection ne serait pas sérieuse, et ferait croire que nous tenons bien peu à l'exercice de nos droits civiques.

Ecoutez cette réponse de M. Bonjean aux difficultés que ferait naître l'établissement du jury pour toutes les affaires civiles et criminelles :

« Les fonctions du jury au civil, ajoutées à toutes les autres charges, sont insupportables, objecte-t-on. Déjà le jury, en matière criminelle, quoique imposant aux citoyens un bien rare et bien court sacrifice de temps, est péniblement rempli, et il a fallu une grosse amende pour le rendre possible. que serait-ce en matière civile? Cette objection n'a de force qu'autant qu'il serait constaté que nos cinquante années de liberté politique n'ont pas suffi pour développer nos mœurs publiques; s'il en était ainsi, ce n'est pas seulement au jury qu'il faudrait renoncer, il faudrait abdiquer tous les droits qui supposent le concours gratuit des citoyens : un peuple qui en serait arrivé là ne serait plus digne de la liberté. »

Un côté plus difficile de la question, c'est l'établissement du jury hors de Paris. Dans les villes de province, les Cours d'assises et les tribunaux ne siègent pas tous les jours : si les crimes peuvent être jugés à trois mois d'intervalle, on ne peut pas suivre la même marche pour les délits. Il faut que le tribunal se réunisse au moins une fois par semaine. (Je laisse de côté les flagrants délits : cette loi a été faite principalement pour la population parisienne et il est rare qu'un tribunal de province soit obligé de juger aussi rapidement qu'à Paris. Les prévenus non domiciliés sont peu nombreux et il est facile de recourir à la liberté provisoire.)

Admettons que le tribunal correctionnel siège une ou deux fois en huit jours, suivant l'importance de la ville; les jurys, étant convoqués pour six audiences, se réuniraient une fois ou deux par semaine pendant quinze jours ou un mois. Est-ce leur demander beaucoup plus qu'aux jurés de Paris? Rien ne s'opposerait, du reste, à ce que les listes des jurys fussent faites dans l'arrrondissement : le déplacement deviendrait ainsi sans importance.

Le jury correctionnel peut donc, tout aussi bien que le jury criminel, être établi sans sacrifices sérieux.

Quant à l'expédition des affaires, la perte de temps peut s'éviter avec un règlement tel que celui-ci, par exemple : Les audiences sont divisées en trois séries (flagrants délits, délits ordinaires, affaires entre parties [1]) : le jury reçoit des feuilles contenant les noms des prévenus à juger dans le cours de l'audience, leurs antécédents, la nature des délits. Chaque affaire entendue, les

1. Je n'ai pas parlé des affaires entre parties, parce qu'elles rentrent dans le droit commun; les jurys sont tout aussi capables de constater une contrefaçon que d'allouer une indemnité à un propriétaire exproprié.

jurés prennent personnellement une note sur le prévenu; puis, la série terminée, le jury se réunit pour juger toutes les affaires comprises dans le même groupe. De cette façon les audiences ne seraient pas prolongées inutilement par les entrées et les sorties continuelles des jurés.

Il est certain que, dans un aperçu rapide comme celui-ci, je néglige bien des détails qui ont leur importance, mais le but de cette étude était principalement de montrer que le jury correctionnel est une institution pratique.

Cette institution non seulement est pratique, mais j'ai la conviction que, les réunions des jurys devenant plus fréquentes, la société trouverait elle-même de grands avantages dans cette nouvelle administration de la justice.

D'un côté les justiciables seraient protégés par des garanties indiscutables, d'un autre côté, les jurés, ces juges temporaires, descendraient de leurs sièges dans des dispositions d'esprit tout autres que celles qu'ils auraient en entrant dans le sanctuaire de la justice.

M. O. Barrot cite avec juste raison ces passages tirés de l'ouvrage de M. Bonjean, sur les actions judiciaires du droit Romain :

« Le droit le plus saillant de l'organisation judiciaire des Romains, tant en matière civile qu'en matière criminelle, est assurément la division des fonctions judiciaires entre le magistrat et le juré :

cette intervention active des citoyens dans le jugement des procès donnait à la justice un caractère éminemment populaire et libéral qui souvent mène à la liberté politique....

» C'est à la juridiction prétorienne que le droit Romain est redevable de ce haut degré de perfection qui n'a pas été surpassé... » [1].

Le *monde* (cette grande majorité de la société qui vit en dehors du milieu judiciaire), le monde ne connaît pas ce triste côté de l'humanité souffrante, il n'assiste pas à ce spectacle de démoralisation qui est une menace toujours suspendue sur les populations honnêtes; on ne voit pas d'assez près l'organisation si complète du vice, et par suite on ne cherche pas à le vaincre.

1. Voici encore une citation : j'abuse, mais c'est si bien pensé! M. Odilon Barrot, en rappelant les discussions de l'Assemblée constituante sur l'organisation judiciaire, démontre que les mœurs publiques s'amélioreraient si la masse des citoyens était initiée aux pratiques de la justice :

«... Nous y avons retrouvé aux prises (dans ces discussions) les deux écoles qui se disputaient alors la direction des esprits, écoles que je ne saurais mieux définir que par le nom de deux publicistes qui les inspiraient, celle de Montesquieu et celle de J.-J. Rousseau, c'est-à-dire l'école des faits et celle des abstractions.

» Les partisans de la première de ces écoles n'hésitèrent pas à revendiquer l'institution du jury pour le jugement de tout point de fait contesté, et cela au civil aussi bien qu'au criminel. Ils voyaient dans cette généralisation du jugement par jury le plus sûr moyen de rendre à la nation

Toutes les questions d'amendement des condamnés laissent la société indifférente, et même
sans pitié ; ceux qui travaillent à ramener les
égarés dans la bonne voie sont considérés comme
des philanthropes qui se fourvoient ; le mal est là
visible et palpable : on détourne la tête et l'on
passe !

Cette apathie est l'arme la plus dangereuse que
le monde puisse donner à ses ennemis : il se
ligue, pour ainsi dire, avec eux pour combattre
ces sociétés de régénération qui tombent, les unes
après les autres, écrasées autant par la défection
des gens de bien que par la perversité des criminels.

Tout changerait, si l'honnête homme voyait par
lui-même quels sont les dangers qui le menacent :
il comprendrait alors que le dernier mot d'une
société pour se maintenir dans un état florissant,
ce n'est pas la force, mais la moralisation.

sa part dans le droit souverain de juger, sans cependant
livrer l'interprétation des lois à l'ignorance ou aux passions
de la multitude. Ils y trouvaient aussi le moyen de rendre
la procédure civile plus rapide, plus économique et plus
sûre en exigeant dans tout procès la division du point de
fait et du point de droit, et cela à partir de l'acte intro-
ductif de l'instance jusqu'au jugement définitif. Ils en at-
tendaient enfin, non sans raison une grande amélioration
dans nos mœurs publiques, en initiant la masse des citoyens
aux pratiques de la justice, et en faisant entrer dans leurs
habitudes le respect du droit... »

DE LA VENTE DU GIBIER EN TEMPS PROHIBÉ[1]

Le braconnage s'étend aujourd'hui sur la France dans de telles proportions que la loi devient impuissante à réprimer ce genre de délits, et que les propriétaires de chasses ne trouveront plus, avant peu, des gardes en nombre suffisant et d'un caractère assez déterminé pour pouvoir lutter contre les braconniers.

Nous ne sommes plus au temps où la vue du garde champêtre suffisait pour éloigner les chasseurs en défaut. Au temps actuel, il est nécessaire, pour protéger sérieusement une propriété, de réunir une véritable escouade de gardes et de ne pas négliger de les armer. Les braconniers arrivent, la nuit, en bandes nombreuses : les uns traînent le filet, les autres font le guet, et, s'ils aperçoivent un garde, non seulement ils ne prennent pas la fuite, mais ils ordonnent à celui-ci de se retirer : s'il n'obtempère pas à leur injonction, ils font feu sur lui, car ils ont des fusils et ne

1. *La Chasse illustrée.* Numéro du 10 mai 1878.

craignent pas de s'en servir. Il ne se passe pas une année, sans qu'on entende parler de gardes assassinés, et malheureusement l'impunité est souvent assurée au meurtrier, grâce à la nuit et à l'absence de témoins.

Sont-ils enveloppés par une troupe supérieure, sont-ils arrêtés par les gardes et les gendarmes, les braconniers sont traduits devant la justice et condammés. Mais il leur importe peu! Tant qu'ils sont en prison, ils savent que leurs femmes et leurs enfants ne manquent de rien, et, eux-mêmes, une fois rendus à la liberté, ils touchent une forte indemnité.

Qui peut leur fournir ainsi et ustensiles de chasse et indemnités?

Il existe une Société de braconnage, parfaitement constituée et organisée. Les preuves de son existence se révèlent de toutes les manières. Si on examine, par exemple, les engins saisis sur des braconniers arrêtés dans des localités diffé-rentes, on reconnaît facilement que presque tous les filets, gibecières et armes proviennent de la même fabrication; et ce ne sont pas des objets sans valeur! Les filets sont ordinairement en soie et leur prix dépasse souvent cinq ou six cents francs. Ce n'est donc pas la réunion de quelques hommes qui peut permettre de faire des achats si coûteux et de soutenir les familles pendant l'absence des maris.

Cette association existe incontestablement, mais, jusqu'à ce jour, elle a déjoué toutes les recherches de la police.

En vain, une société s'est formée pour réprimer le braconnage; rien n'y fait. On arrive à encourager les gardes par des récompenses plus répétées, mais on ne détruit pas le braconnage.

« La loi de 1844 sur la chasse est mal faite! » C'est le cri général, et depuis trente ans les chasseurs demandent la réforme de cette loi. »

Est-ce bien la loi qui est mauvaise, ou est-elle seulement insuffisante parce qu'elle n'est pas appliquée rigoureusement? Je serais porté à croire que la seconde hypothèse est la vraie.

Recherchons le mobile qui pousse un homme à se faire braconnier et nous trouverons peut-être la racine du mal et le remède à employer pour arrêter ce fléau envahissant.

Le braconnier (et je ne parle pas de celui qui se laisse entraîner sur le terrain d'autrui par l'ardeur de la chasse), le braconnier, dis-je, qui poursuit le gibier à l'aide d'engins prohibés, agit dans un but déterminé : vendre le produit de ses rapines.

Pour arriver à vivre ainsi de la chasse et renoncer à tout autre moyen d'existence, il faut que le braconnier soit certain de trouver l'écoulement de son gibier, sinon la position ne serait pas tenable.

Il est parfaitement tranquille de ce côté-là. Ceux qui ont fourni le filet disposent de tous les moyens nécessaires pour vendre le gibier, et le braconnier sait bien qu'une fois le butin livré il n'a plus à s'occuper du reste.

Mais les marchands eux-mêmes pourraient craindre de faire des achats après la fermeture de la chasse?

Le marchand comme le braconnier, le restaurateur comme le marchand, ne sont pas inquiets : le gibier, s'il peut arriver sans encombre jusqu'aux cuisines, les indemnisera largement de toutes leurs peines.

Nous touchons au but en effet. Si le braconnier ne recule pas devant le délit, souvent même devant le crime, si le marchand et le restaurateur se jouent de la police, c'est qu'ils ont confiance dans quelqu'un qui les paiera avec de l'or, et ce quelqu'un c'est tout le monde!

Mettez de côté les chasseurs, j'entends les vrais chasseurs, ceux-là qui connaissent le dévoûment des gardes et protègent la reproduction du gibier, toute autre personne, quels que soient son rang, sa fortune, si elle a l'occasion de traiter ses amis, soit chez elle, soit au restaurant, ne manquera jamais, pour donner un dîner convenable, de commander quelque pièce de venaison, surtout si la chasse est fermée! Ce serait se déconsidérer que

de ne pas faire manger à ses hôtes un rôti de perdreaux huit jours avant l'ouverture !

Quels reproches pouvez-vous faire alors au
braconnier, au marchand ? Le maître ordonne, il
faut obéir.

Voilà la racine du mal ! C'est le consommateur
qui est le véritable coupable ?

Mais comment l'atteindre ?

En appliquant la loi dans son sens le plus large,
ce que les magistrats n'ont pas tenté de faire
jusqu'à ce jour.

Lisez l'article 4 de la loi du 4 mai 1844 ; il est
ainsi conçu : « Dans chaque département, il est
interdit de mettre en vente, de vendre, d'*acheter*,
de transporter et de colporter du gibier pendant
le temps où la chasse n'y est pas permise.

»... La recherche du gibier ne pourra être faite
à domicile que chez les aubergistes, chez les marchands de comestibles et dans les lieux ouverts au
public... etc. »

La loi est-elle appliquée dans toute sa rigueur ?
Le marchand et le restaurateur sont poursuivis,
mais le consommateur qui est un véritable *acheteur* n'a jamais d'ennuis.

Il faut reconnaître que la perquisition dans les
maisons particulières serait un abus, et, du reste,
la loi s'oppose à cet excès de pouvoir ; mais le
consommateur dans les restaurants, lieux ouverts

au public, l'acheteur chez le marchand, rien ne
devrait les mettre à l'abri des poursuites!

A quoi bon tant de rigueur, me dira-t-on, si la
loi n'a pas de sanction? Ce n'est pas la saisie qui
peut être considérée comme une peine suffisante.

D'accord, et, si ce point est le seul côté faible
de la loi, il est facile de modifier l'article 4 et de
frapper les délinquants d'une amende.

Mais ne peut-on pas craindre de faire naître
une foule de vexations?

Je ne le pense pas. Il n'y a pas que la vente du
gibier qui soit la source de fraudes nombreuses :
les droits d'octroi, la qualité des denrées, les im-
pôts, le timbre et tant d'autres sont aussi une
source d'occasions pour frauder.

Et cependant, sans mesures vexatoires, les
agents arrivent souvent à découvrir la fraude et
les fraudeurs sont punis. Pour les timbres sur les
quittances, par exemple, la police ne se livre pas
à des inquisitions continuelles, et cependant les
coupables tombent plus d'une fois dans les mains
de la justice.

Je cite cette loi du timbre sur les quittances
parce qu'elle a une sanction qui est très juste et
qui pourrait être appliquée à la vente prohibée du
gibier, la double amende : cette condamnation du
vendeur et de l'acheteur est une mesure excellente et pratique.

En résumé, je ne crois pas que l'expression

d'acheteur appliquée au *consommateur* soit une interprétation exagérée de la loi, et, si la jurisprudence acceptait ce système, on arriverait certainement à arrêter le braconnage, non pas entièrement, mais d'une manière efficace.

Le nombre des consommateurs devenus craintifs diminuerait peu à peu; on regarderait à deux fois avant d'encourir les chances d'une condamnation pour le plaisir de manger du gibier à une époque où il n'est même pas généralement très bon.

La consommation s'affaiblissant, les marchands seraient obligés de restreindre leurs commandes, et, par suite, les braconniers se trouveraient forcés d'arrêter leurs destructions.

Il me reste un mot à dire au sujet du gibier conservé au moyen de terrines et de pâtés.

La question s'est présentée plusieurs fois devant les tribunaux. Peut-on vendre des conserves de gibier après la fermeture de la chasse?

La Cour de cassation, en 1844, s'est prononcée pour l'affirmative; mais, en 1875, la Cour d'appel de Paris condamnait un marchand qui avait vendu un pâté de perdreaux avant l'ouverture de la chasse.

C'est donc une question controversée.

10

Quelle est la solution préférable?

Si je me permettais d'émettre un avis en cette matière, je dirais que les deux solutions sont trop rigoureuses.

Ou la vente du gibier conservé reste libre, et alors vous donnez un nouveau débouché à la vente prohibée; ou la vente est défendue, et alors, non seulement le public est privé d'un mets agréable, mais c'est une perte réelle pour les commerçants qui n'ont pas pu se défaire de leurs marchandises le jour de la fermeture de la chasse.

Si, d'un côté, il faut donc admettre en principe que la confection des terrines (et, par suite, l'achat du gibier) ne doit pas se faire en temps prohibé, d'un autre côté, il ne me semblerait pas impossible de permettre aux marchands d'utiliser le gibier; il suffirait de les autoriser à confectionner des terrines au moment de la fermeture de la chasse, et à les vendre postérieurement.

Évidemment, un moyen de contrôle serait nécessaire pour constater que le gibier a été acheté en temps utile.

Voici un système qui ne me paraît pas impraticable : le jour de la fermeture ou le lendemain, les marchands déclareraient qu'ils ont tant de pièces de gibier avec lesquelles ils feront tant de terrines ou pâtés, déclaration qui pourrait être vérifiée.

Il leur serait délivré autant de timbres que de

terrines déclarées : ces timbres, faits en forme de
bandelettes (comme celles qui enveloppent les
paquets de tabac, par exemple), seraient collés
par le marchand de manière à sceller les terrines,
et la vente ne pourrait pas avoir lieu sans cette
marque distinctive, sous peine d'amende.

Les timbres ayant été épuisés pour les terrines
faites avec le gibier tué à la fermeture de la
chasse, le marchand ne pourrait pas confectionner
de nouveaux pâtés en temps prohibé, puisqu'il
n'aurait plus de timbres, et serait réduit alors à
vendre en fraude, délit facile à constater pour tout
le monde.

On protégerait ainsi les intérêts de la société
sans causer de préjudice aux commerçants.

III

LES CONSEILS DE GUERRE

§ 1.

De la prison préventive.

Ces études sur le Code pénal nous portent na-
turellement à examiner toutes les juridictions aux-
quelles la loi a donné le droit de punir. Il n'est
donc pas superflu de jeter un coup d'œil au moins
rapide sur les tribunaux militaires.

Le Code de justice militaire pour l'armée de
terre a été remanié par les lois du 9 juin 1857 et
du 18 novembre 1875, et les décrets du 19 mars
1878 ; il faut reconnaître que, dans son ensemble,
ce code est rédigé d'une manière satisfaisante.

Il est bon cependant de signaler certaines modifications qui pourraient l'améliorer sans ébranler
en quoi que ce soit l'esprit de discipline si nécessaire dans l'armée.

C'est ainsi, par exemple, que nous voyons la

prison préventive atteindre souvent une durée exagérée, les officiers chargés de l'instruction ne pouvant pas appliquer la loi du 14 juillet 1866 sur la mise en liberté provisoire.

Dès 1869, nous constations cette lacune du Code militaire (*Journal du Palais*, 7 avril). Voici cet article qui, je le crains, sera aujourd'hui encore plein d'actualité :

« La loi donne aux magistrats la faculté de priver un homme de sa liberté avant d'avoir obtenu contre lui une condamnation. C'est une mesure malheureusement nécessaire dans l'intérêt de l'ordre public. »

Tous les efforts, depuis quelques années, tendent à adoucir et même, dans certains cas, à supprimer la prison préventive.

C'est ainsi que la loi de 1865 est venue modifier celle de 1856, notamment dans les dispositions de l'article 113, § 2, du Code d'instruction criminelle.

Cette loi nouvelle est-elle applicable aux militaires ? Telle est la question que nous examinerons rapidement.

Une juridiction spéciale existe pour l'armée : ce sont les conseils de guerre. Ces tribunaux sont compétents pour juger les délits commis par les militaires (sauf quelques exceptions), et ils appliquent les peines mentionnées dans le Code de justice militaire et dans le Code pénal.

Quant à la procédure et à l'instruction, les règles sont les mêmes qu'en droit commun toutes les fois que le Code militaire n'y déroge pas d'une manière formelle, et *qu'il ne se trouve pas en désaccord avec les nouvelles lois*.

Dans la question qui nous occupe, le Code de justice militaire modifié par la loi du 9 juin 1857 contient, dans l'article 105, le paragraphe suivant :

« .... Après l'interrogatoire du prévenu, le mandat de comparution ou d'amener *peut* être converti en mandat de dépôt.... »

C'est la reproduction, dans des termes différents, de la loi du 17 juillet 1856. En effet, l'article 114 du Code d'instruction criminelle, permettait encore au juge d'instruction de maintenir en état d'arrestation une certaine classe de prévenus qui, aujourd'hui, ont droit à la mise en liberté provisoire, conformément au § 2 de l'art. 113 C. instr. crim., ainsi modifié par la loi du 14 juillet 1865 :

« En matière correctionnelle, la mise en liberté sera *de droit,* cinq jours après l'interrogatoire, en faveur du prévenu domicilié, quand le maximum de la peine prononcée par la loi sera inférieur à deux ans d'emprisonnement.... »

Par ces nouvelles dispositions, l'ancienne loi se trouve abrogée.

Et cependant la loi de 1856 est encore en vigueur dans l'armée.

En voici un exemple récent :

H*** comparaît le 31 mars 1868 devant le
1ᵉʳ conseil de guerre de Paris, pour bris de clôture et est condamné à 10 francs d'amende. Il y
avait plus de *deux mois* qu'il était en prison préventive !

On objectera peut-être que l'article 105 du Code
de justice militaire est encore applicable ; il faut
dire alors que l'égalité devant la loi n'est plus un
principe de notre législation, puisque, pour le
même délit, certaines faveurs seront accordées
aux uns de droit et refusées aux autres. L'humanité veut, au contraire que les modifications qui
ont pour but d'adoucir les lois pénales trouvent
toujours leur exécution, tout aussi bien dans le
régime militaire que dans le droit commun [1].

Mieux vaut croire que cette mesure de rigueur
ne subsiste dans l'armée que par un oubli involontaire, et qu'il aura suffi d'en faire la remarque
pour qu'une circulaire ministérielle donne avis
aux parquets des conseils de guerre d'avoir à exécuter la loi du 11 juillet 1865. »

---

1. M. O. Barrot, critiquant la différence du supplice pour
l'assassin, suivant qu'il est militaire ou non, exprime, à
un autre point de vue la même idée.

« Il faudrait des raisons bien impérieuses pour motiver
de telles différences et dans la juridiction et dans la nature
du supplice, alors qu'il s'agit de punir les mêmes faits
commis par des citoyens appartenant à la même patrie et
relevant des mêmes lois. »

Je doute que cette circulaire ait jamais paru, et l'utilité de la prison préventive ne paraît cependant pas très prouvée vis-à-vis d'un délinquant qui est toujours à la disposition de la justice, lorsqu'il s'agit surtout de délits de droit commun qui touchent peu à la discipline militaire.

§ 2.

Du grade de l'officier rapporteur.

Puisque nous avons parlé des officiers chargés de l'instruction, il serait peut-être utile de constater un second défaut qu'a mis en lumière un procès jugé tout récemment par un conseil de guerre de Paris.

Il s'agissait d'un officier supérieur poursuivi pour certains délits ou crimes commis par lui, alors qu'il était gouverneur d'une prison militaire.

Le Code de justice militaire dans l'art. 10, modifie la composition ordinaire du conseil de guerre lorsqu'il y a lieu de juger un officier : aucun juge ne peut être d'un grade inférieur au prévenu (excepté pour les maréchaux de France, vu le nombre limité de ces officiers généraux).

Ainsi, lorsque c'est un chef de bataillon qui est

poursuivi, le président du Conseil est un général de brigade, et il a pour assesseurs deux colonels, deux lieutenants-colonels et deux chefs de bataillon, tandis que pour juger un simple soldat ou un sous-officier, le conseil est présidé par un colonel, et le juge du grade le moins élevé est un sous-officier.

Ce principe qui est juste, puisqu'il ne permet pas qu'un officier soit jugé par ses inférieurs, n'a pas été appliqué à l'instruction. A l'exception de la procédure contre un maréchal de France, qui doit être faite par un officier général (art. 12), le rapporteur ou juge d'instruction reste le même dans toutes les affaires (art. 15), et'il peut se trouver être d'un grade inférieur à celui de l'accusé. C'est là, je crois, une erreur qui doit disparaître. Si, en effet, le rapporteur n'a pas à juger son supérieur, il n'en a pas moins une tâche délicate à remplir, et qui devient très difficile lorsque l'officier rapporteur se trouve inférieur en grade à l'officier qu'il interroge.

Il subira nécessairement une influence toujours mauvaise, soit qu'il penche vers l'indulgence par la force de l'habitude qui le poussera à respecter son supérieur, soit qu'il se laisse aller au courant contraire pour montrer qu'il a un pouvoir plus grand que celui qui le commandait la veille. Il y a donc là un point faible que nous ne retrouvons pas dans l'instruction civile.

Lorsqu'un magistrat est poursuivi devant la justice, non seulement le tribunal se trouve modifié comme juges, mais l'instruction elle-même peut ne pas rester dans les mains du juge ordinaire.

C'est ainsi, par exemple, qu'à l'article 496 du Code d'instruction criminelle il est dit que, lorsqu'un membre de tribunal de première instance sera poursuivi (dans certains cas prévus par la loi), le président de la section de la Cour de cassation à laquelle le renvoi sera fait sur dénonciation ou d'office, remplira les fonctions que la loi attribue aux juges d'instruction, mesure pleine de sagesse, qui rend au magistrat instructeur toute son indépendance.

Du reste, le Code militaire reconnaît lui-même l'utilité de cette procédure, puisqu'il modifie le grade du rapporteur lorsque c'est un maréchal de France qui est poursuivi. Pourquoi s'être arrêté à une demi-mesure? Ce qui était vrai pour un officier général, restait nécessairement vrai pour l'officier supérieur!

Il fallait donc dire que le rapporteur serait d'un grade au moins égal à celui du prévenu, obligation qui est imposée, il ne faut pas l'oublier, pour l'officier remplissant le rôle de ministère public : le commissaire du gouvernement doit être d'un grade au moins égal à celui de l'accusé, dit l'article 16.

Cette critique est un détail, dans un ensemble comme le Code militaire, mais elle a son importance. Sans vouloir en quoi que ce soit apprécier l'instruction faite par le rapporteur dans l'affaire citée précédemment, il est certain que cet officier aurait été beaucoup plus à l'aise s'il ne s'était pas trouvé en face d'un supérieur.

§ 3.

Du vol militaire.

Il est un autre point qui, suivant nous, est encore très discutable dans le Code militaire, c'est le crime appelé *vol militaire* (art. 248)[1], tel qu'il est soumis au jugement des conseils de guerre.

Je dois reconnaître que je me trouve en désaccord avec les conseils de révision : leur jurisprudence admet que le président du conseil de guerre ne doit poser qu'une question unique : « Y a-t-il eu vol par un militaire au préjudice d'un autre militaire ou de l'habitant qui le logeait? »

La question ainsi posée est complexe, la qua-

---

1. Dans cet article, le vol devient un crime, lorsqu'il est commis au préjudice de l'État, du militaire ou de l'habitant qui loge.

lité d'habitant étant une circonstance aggravante.

« La question qui embrasse à la fois le fait principal et la circonstance aggravante, est entachée de complexité. » (7 janv. 1847, C. cr.)

Tel n'est pas l'avis des jurisconsultes qui considèrent le vol militaire comme un vol *sui generis,* renfermant comme élément constitutif la circonstance aggravante de vol au préjudice de l'État ou de l'habitant.

Cette difficulté de poser les questions d'une manière satisfaisante a fait subir à nos codes de nombreuses modifications. Le code de brumaire, dans l'article 377, rejetait toute question complexe. Ce système excessif ne fut pas reproduit dans les nouvelles lois, et la règle généralement admise aujourd'hui permet de réunir en une seule question les éléments constitutifs d'un crime (identité du coupable, fait reproché, intention criminelle, préjudice réel ou possible). Ce sont bien là les éléments constitutifs du crime, puisque leur réunion est nécessaire pour qu'il y ait condamnation.

J'admets donc la complexité dans ces conditions ; mais si, à la question principale renfermant déjà elle-même tous les caractères d'un crime, il vient s'ajouter une circonstance aggravante, cette nouvelle question doit faire l'objet d'un nouvel examen, alors surtout qu'il s'agit d'une question de fait.

Je vais plus loin : Admettons même le délit ou crime *sui generis*, c'est-à-dire des infractions spéciales à tel ou tel code, au moins faudra-t-il que la circonstance aggravante ne soit pas discutable.

Et c'est là le reproche qui peut être fait à l'article 248 du Code militaire. On peut encore comprendre la position d'une question unique dans les conditions de l'article 222, qui punit de mort toute voie de fait commise sous les armes par un militaire envers son supérieur, parce que la hiérarchie est définie d'une manière certaine, et que la qualité de *supérieur* ne peut pas être niée.

Mais il n'en est pas de même dans le vol militaire. Lorsqu'il s'agit, par exemple, du vol commis au préjudice de l'habitant chez lequel le militaire est logé, la question devient très embarrassante, et devrait être examinée séparément par le conseil de guerre. Avec le système actuel, c'est le rapporteur qui décide si le soldat a été reçu à titre de militaire ou d'ami ; c'est encore lui qui juge si l'objet appartient à l'habitant ou à un étranger.

Ce sont autant de questions de fait qui ne devraient être tranchées que par le conseil de guerre. Le rapporteur ne peut pas être à la fois juge d'instruction et juge du fait !

M. Victor Foucher, l'un des rédacteurs de la loi du 9 juin 1857, s'exprime ainsi dans ses commentaires sur le Code militaire :

« ... En se servant de ces mots : *au préjudice*

de l'habitant chez lequel le militaire est logé, la loi a restreint la portée de la disposition correspondante du Code pénal, puisque l'article ne comprend pas les vols au préjudice de personnes qui se trouveraient dans l'habitation et qui ne seraient pas celles chez lesquelles le militaire serait logé (dans ce cas il y a lieu de recourir aux dispositions du Code pénal ordinaire)... Pour que cette disposition soit applicable, il faut que le militaire soit logé chez l'habitant à titre de militaire, par exemple sur billet de logement. S'il était reçu à titre d'ami ou amené par une tierce personne, le vol ne serait plus celui du *soldat logé chez l'habitant,* que cet article punit d'une peine spéciale, puisque, comme je l'ai déjà dit, l'habitant étant obligé de recevoir ce militaire, celui-ci doit être plus sévèrement puni s'il abuse de la facilité que lui donne cette position. Dans tout autre cas, le vol doit être puni d'après les dispositions du Code pénal ordinaire... »

Il n'est donc pas téméraire de soutenir qu'ici la question aggravante est discutable, et qu'un vol qui, au premier abord, paraît rentrer dans les conditions de l'article 248, peut être un simple vol puni par le Code pénal ordinaire, question qui doit être jugée par le conseil de guerre.

Cette complexité est préjudiciable et au prévenu et à la société. Car le conseil de guerre frappera trop rigoureusement ou il acquittera, embarrassé qu'il sera par les termes ambigus de la question, acquittements toujours regrettables, surtout lorsque la discipline militaire se trouve mise en jeu.

Du reste, il ne faut pas croire que les acquittements se présentent rarement devant les conseils de guerre; leur sévérité n'est pas telle que l'opinion publique semble l'admettre. Juges et jurés à la fois, les officiers font parfaitement la part de la question d'humanité, et ils pardonnent si souvent qu'il a été nécessaire d'adoucir les rigueurs du Code militaire, lors de sa nouvelle rédaction.

L'ancien code, fait principalement en vue des armées en campagne, contenait des peines si graves, que les juges préféraient acquitter, suivant ainsi l'exemple des jurés, dont la modération avait contraint, en 1832, le législateur à admettre les circonstances atténuantes dans le Code pénal ordinaire.

On n'a pas osé aller jusque-là dans le Code militaire; l'article 463 (circonstances atténuantes) est bien applicable pour les délits ordinaires commis par les militaires, mais, pour tout ce qui touche à l'organisation de l'armée, l'atténuation n'est accordée qu'exceptionnellement.

D'où le résultat forcé, que les acquittements continuent à s'obtenir dans les affaires où il y a non seulement aveux, mais constatation mathématique du délit. Pour la désertion à l'intérieur en temps de paix, par exemple, il faut six jours après celui de l'absence constatée (art. 231). Que le soldat revienne le huitième jour ou au bout de plusieurs années, la peine ne peut pas descendre au-dessous de deux ans ni dépasser cinq ans d'emprisonnement; de sorte que, si le conseil veut appliquer la loi vis-à-vis d'un bon sujet qui a commis un écart de quelques heures, il est obligé de se montrer d'une sévérité extrême; aussi, comme je le disais plus haut, les exemples d'acquittements ne sont pas rares dans ces conditions.

C'est une erreur de croire que les lois trop sévères soient utiles, même pour l'armée : il est si facile de les éluder !

L'admission des circonstances atténuantes et la division des questions constitutives et aggravantes permettraient d'appliquer la justice d'une manière modérée; et les rédacteurs du Code militaire se sont effrayés à tort d'une mesure qui ne pouvait donner que de bons résultats en diminuant le nombre d'acquittements regrettables pour la discipline.

IV

LE DUEL

§ 1ᵉʳ.

Jurisprudence ancienne et actuelle.

« Le duel n'est qu'un acte de barbarie; c'est quand les lois étaient insuffisantes, quand il n'y avait pas de tribunaux assez puissants, que l'homme en appelait au combat singulier. »

Ces paroles de M. Dupin peuvent suffire pour soutenir qu'à l'heure actuelle le duel est encore une triste nécessité dans les affaires graves, car il n'existe pas encore de lois qui protègent l'homme attaqué dans son honneur, et j'ajouterai qu'en France, au moins, les législateurs pourront difficilement combler cette lacune.

Dans les crimes, dans les délits ordinaires, réparation peut être donnée à la victime ou à sa famille dans une mesure plus ou moins large, soit par la punition du coupable, soit par une indem-

nité pécuniaire, mais quelle est la compensation
que peut offrir la loi à celui qui a été blessé dans
son honneur?

Mais qu'appelez-vous l'honneur? me dira-t-on.

— On n'a pas craint de soutenir que c'était un
vain préjugé, que le *faux* point d'honneur con-
duisait à braver les lois de la société et à déguiser
un assassinat sous le nom de duel.

Ce principe si vital d'honneur que n'ont pu déraciner ni les édits de saint Louis et de Philippe
le Bel, ni les lois cruelles de Louis XIV et de
Louis XV, ne serait qu'une aberration, qu'un ou-
trage à la religion!

C'est au moins étrange : aussi la définition
n'est-elle pas exacte.

Voici des passages d'un article écrit en 1835 par
M. Viennet (de l'Académie française); ils peuvent
rappeler ce que c'est que l'honneur et expliquer
quel soin un homme doit apporter à garder ce
dépôt intact et à l'abri de toute souillure :

« ... L'honneur consiste à ne faire que de
bonnes actions et à fuir toutes les mauvaises.
C'est une qualité qui nous vient d'un sens droit et
de la bonne volonté de l'âme, mais qui suppose la préexistence des sociétés. Les idées que
ce mot suggère ou représente ne peuvent venir à
l'esprit de l'homme de la nature. Elles n'ont pas
d'expression dans sa langue; il faut des devoirs
établis ou convenus pour qu'il y ait de l'honneur

à les suivre et du déshonneur à s'en écarter. C'est alors dans le strict accomplissement de ces devoirs d'homme et de citoyen que l'honneur consiste... L'appréciation de l'honneur dépend de telle ou telle loi que les hommes se sont faite, de tel ou tel préjugé que le temps a produit. Mais enfin il y a longtemps que le monde dure, que les sociétés sont instituées. Chacun connaît ou doit connaître ses devoirs, et celui qui manque à l'honneur ne peut en appeler à son ignorance...

» ... L'honneur ne varie pas seulement suivant les lois et les mœurs d'un pays, ses conditions changent avec l'état des personnes ; et plus on est grand, plus on a de devoirs à remplir, et, par conséquent, plus il est difficile de se maintenir dans les voies de l'honneur, de conserver intact ce qu'on a justement appelé le bien le plus précieux de l'homme. Oui, c'est à son honneur que l'homme doit attacher le plus de prix... »

Et ce dépôt est tellement précieux que la garde ne doit en être confiée à personne : la loi peut nous protéger dans tous nos autres intérêts, elle nous remplace alors pour agir et punir les coupables ; il n'en est plus de même ici : l'homme est seul gardien de son honneur, seul il peut le défendre.

Ce principe est si vrai que les législateurs, après avoir épuisé tout l'arsenal des châtiments pour éteindre le duel, en sont arrivés aujourd'hui à

rayer ce nom de nos codes. Le Code pénal du
25 décembre 1791 est muet sur le duel, et, depuis
cette époque, ce silence n'a pas été troublé.

Ce n'est pas une omission de la part des législateurs. La question a été soulevée, discutée.
M. Merlin avait dit : « Qu'ont produits les san-
glants édits de Louis XIV contre le duel? Ils ne
l'ont pas réprimé; ils n'ont fait peut-être qu'en
rendre l'usage plus fréquent; ce sont ces considérations qui ont déterminé l'Assemblée constituante, lorsqu'elle s'est occupée de la refonte des
lois pénales, à ne pas comprendre le duel dans la
liste des faits qualifiés crimes ou délits. Le Code
pénal est muet sur le duel, et il en résulte assez
clairement de son silence, que le duel ne doit pas
être considéré comme un délit que les tribunaux
puissent poursuivre. » La jurisprudence adopta
complètement cette opinion : onze arrêts de la
Cour de cassation établirent successivement
comme un principe incontestable que, la loi pénale,
étant muette, ne pouvait être appliquée à l'homicide et aux blessures qui en sont le résultat...
(Boitard). »

M. Dupin lui-même, lorsqu'il s'élève contre la
non-répression du duel, laisse échapper un mot
qui prouve la nécessité de ce genre de réparation :

« ... Comment! dans la vie ordinaire, quand
deux hommes ont une rixe, s'ils échangent quelques coups de poing, c'est un délit : on reproche

à celui qui a frappé d'avoir abusé de sa force; le duel à coups de poing est puni par les tribunaux correctionnels; mais si, au lieu de quelques coups, c'est la mort ou des blessures avec effusion de sang, alors c'est un honneur, c'est l'impunité! — Le principe du mal est le même dans les deux cas : c'est qu'à la place de l'injure, qui *souvent* devrait être dédaignée, ou d'une répression qui devrait être demandée aux tribunaux, on se fait législateur; mais le mal est incomparablement plus grand dans le second, car, pour ce qui est *au-dessous* même d'un délit correctionnel, on inflige la peine de mort. Ainsi, chacun, au gré de son caprice, se fait tout à la fois législateur, juge et exécuteur de la sentence qu'il a portée contre celui avec lequel il se bat... »

Souvent est de trop, car ce mot implique que *quelquefois* l'injure ne doit pas être dédaignée. Quant à la répression à demander aux tribunaux pour un mal qui est *au-dessous* même d'un délit correctionnel, c'est précisément parce que cette répression est dérisoire que l'homme atteint dans son honneur n'y a pas recours.

Est-ce avec quelques francs d'amende, par exemple, que les tribunaux ont la prétention d'effacer la trace d'un soufflet?

A moins que nous n'admettions que c'est un faux point d'honneur que de croire nécessaire une réparation par les armes et que nous reconnais-

sions là un faux préjugé, je suis obligé de me demander en quoi l'amende aura relevé l'homme insulté. Non, le soufflet était donné dans un but :
prouver que l'on était en face d'un lâche, et il n'y
a qu'une voie ouverte à l'homme ainsi insulté
pour laver son honneur (si son adversaire en est
digne), c'est de montrer son courage l'épée à la
main. C'est barbare, si vous le voulez, mais c'est
beaucoup plus naturel dans une nation qui a la
prétention de ne pas être encore en décadence,
que « de tendre l'autre joue », parole divine, mais
surhumaine !

On arriverait à une singulière solution s'il fallait rejeter ce principe. Le duel est en honneur
dans l'armée (et aujourd'hui nous sommes tous
soldats jusqu'à quarante ans). Notre point d'honneur changera donc, suivant que nous aurons ou
non revêtu l'uniforme ? Ce qui était un droit, un
devoir au régiment, deviendra un meurtre, un
assassinat devant les tribunaux civils !

Tel est cependant l'avis actuel de la Cour de
cassation. Après avoir nié que le duel fût un
crime, la Cour suprême, par deux arrêts du
22 juin et du 15 décembre 1837, a subitement
transformé toute sa jurisprudence et elle a persisté
dans ce nouveau système. Elle déclare « que les
dispositions des articles 295 et 296 du Code pénal
sont absolues et ne comportent aucune exception ;
que les prévenus des crimes prévus par ces ar-

ticles doivent être dans tous les cas poursuivis...; que si aucune disposition législative n'incriminait le duel proprement dit et les circonstances qui préparent ou accompagnent cet acte homicide, aucune disposition de loi ne range ces circonstances au nombre de celles qui rendent excusables le meurtre, les blessures et les coups... »

« ... La Cour de cassation, dit Boitard, n'est-elle pas sortie du domaine de l'interprétation? N'a-t-elle pas empiété sur les attributions du législateur? Est-il possible d'appliquer l'article 295, qui punit l'homicide volontaire, à l'homicide commis dans un duel?... »

On a été plus loin : la *provocation,* qui est la cause première du duel, ne constitue pas un délit que le ministère public puisse poursuivre d'office! « ... Quant à la provocation au duel, dit l'arrêt de la Cour de cassation du 15 octobre 1844, alors même qu'elle est suivie d'effet, elle ne constitue pas un délit, d'où il suit que celui qui, par provocation publique, a appelé au duel dans lequel il a reçu des blessures, ne peut être puni comme complice, par provocation *de la blessure à lui faite;* en cas pareil, la provocation ne constitue qu'un délit d'injures ou de menaces que le ministère public n'a pas qualité pour poursuivre d'office. »

§ 2.

Réformes nécessaires[1].

Ce silence de la loi sur le duel est un véritable *déni* de justice : les fluctuations de la jurisprudence en sont une preuve. Dans un but évidemment louable, la Cour de cassation a voulu remédier à cet état de choses anormal, mais elle ne s'est pas trouvée d'accord avec l'esprit du pays.

Lorsque les jurés ont à juger une question semblable, le verdict d'acquittement est certain, si le ministère public ne prouve pas que le duel était déloyal : le jury n'admettra jamais que l'homme qui tue son adversaire en duel est un assassin.

Mais alors pourquoi ces récriminations, si la loi imparfaite est corrigée par les jurés?

Il y a une raison capitale pour demander des réformes, c'est que tous les duels ne sont pas de la compétence des Cours d'assises : en cas de blessures, c'est le tribunal de police correctionnelle qui connaît de l'affaire (C. P., 309, 311).

Nous retombons alors dans cette inégalité de distribution de la justice que j'indiquais au cha-

1. Un projet de loi sur le duel avait été présenté par M. J. Favre, en 1849, et a été repris par M. Hérold tout dernièrement.

pitre du jury correctionnel. Les juges, liés par la
loi, sont obligés de condamner, et le dossier judiciaire portera comme mention une condamnation
pour coups et blessures volontaires.

On pourrait même, avec cette double juridiction,
aller jusqu'à dire qu'il y a intérêt à tuer plutôt
qu'à blesser son adversaire; d'un côté, l'acquittement assuré, de l'autre côté une condamnation
probable.

Lorsque M. Dupin demandait, en 1835, la répression du duel, il était plus logique dans ses
considérations que la jurisprudence actuelle.

Loin de confondre le duel avec l'assassinat, il
voulait une séparation complète entre ces deux
homicides : c'était le jury qui devait juger les
duels et condamner les prévenus comme coupables de s'être battus en duel.

« ... Il appartient au législateur de porter un
remède à ce mal. Même dans l'état actuel de la
législation, chaque fois qu'il y a un duel, je voudrais qu'il y eût une instruction de *coroner*, c'est-
à-dire de personnes rassemblées à l'entour du
corps, en matière de jury; je voudrais qu'il y eût
une instruction judiciaire, que toute affaire de ce
genre fût portée devant le jury. Ce serait le jugement du pays : le jury partagerait quelquefois la
sévérité du pays ; d'autres fois, il se laisserait aller
à l'influence du préjugé, il admettrait des excuses,
et quand il y aurait des circonstances atténuantes,

il serait indulgent; mais du moins il y aurait satisfaction à la morale, à la loi de la société; mais
on ne proclamerait pas que le coup de poing est
interdit, et que l'arme est permise; qu'une blessure faite avec le poing est défendue, et que la
mort causée par l'épée ou le pistolet est tolérée
avec impunité!

»... Il ne s'agit pas d'abord de juger s'il y a duel
on non; il y a un homme mort, n'est-ce donc pas
un motif nécessaire pour procéder? — Il faut que
l'affaire arrive au jury : si l'accusé peut présenter
des excuses légitimes, s'il y a des circonstances
atténuantes, le jury y aura égard, les magistrats
modéreront la peine, mais il faut que justice soit
faite. Voilà les sentiments qu'a fait naître en moi
le duel en présence du préjugé général, de l'insuffisance des lois et de l'inaction des magistrats.»

J'admets ce système avec une restriction, ou
plutôt je vais plus loin que M. Dupin qui ne permet de poser que la question d'excuse.

Pour que la loi soit complète, il faut que le jury
ait le droit d'examiner s'il y a eu légitime défense
(C. P., 328).

Sinon, les jurés rapporteraient le plus souvent
un verdict négatif sur un fait certain pour ne pas
laisser la Cour prononcer une condamnation
même légère, dans un duel loyal, contradiction
qu'il est préférable d'éviter, particulièrement au
point de vue de la responsabilité civile.

Quant aux peines, elles seraient les mêmes que pour l'assassinat, le meurtre et les blessures faites volontairement, mais le fait poursuivi serait qualifié *duel*.

Je terminerai cette étude par une dernière considération que j'emprunte à Boitard :

« ... Le duel, quelque déplorables que soient ses suites, ne cause point à la société la même alarme que le meurtre; on peut se défendre du duel, puisqu'il dépend de chaque citoyen de ne pas l'accepter; on ne peut se défendre des embûches du meurtrier. L'un n'est qu'un excès, un déplorable abus de la loi de *l'honneur, qui est, après tout, l'un des fondements de la civilisation moderne;* l'autre est une agression barbare qui détruirait la société elle-même, si elle n'était sévèrement réprimée. Il est donc permis de douter que la loi pénale, lorsqu'elle a puni le meurtre, ait voulu punir l'homicide commis dans un duel; il est permis de douter qu'elle ait voulu envelopper dans la même disposition et frapper de la même peine deux actes si différents par leur valeur et par le trouble qu'ils apportent à l'ordre public. »

V

APPENDICE

De la recherche de la paternité.

Au moment de publier ce volume, je reçois, par l'obligeance de M. Bérenger, la propositon de loi présentée au Sénat le 16 février 1878, relativement à la recherche de la paternité[1].

Ce projet touche, par plus d'un point, au Code pénal : il n'est donc pas hors de propos d'en faire ici la critique, d'autant plus que le champ de la discussion est libre puisque nous nous trouvons en face, non pas d'une loi à supprimer, mais d'une amélioration à introduire dans le Code.

Est-ce une amélioration?

Les auteurs du projet, justement émus de l'augmentation considérable des naissances illégitimes depuis 1815, ont-ils bien pesé les conséquences

---

1. Proposition de loi relative à la recherche de la paternité, présentée par MM. Bérenger, de Belcastel, Foucher de Careil et Schœlcher, sénateurs.

qu'entraînerait la modification de l'article 340 du Code civil?

Étendre la recherche de la paternité aux cas de viol et de séduction, est-ce une mesure utile et surtout profitable pour l'enfant?

Telle est la question que nous examinerons un peu hâtivement.

Les auteurs de la proposition sont dominés par une pensée unique : multiplier les reconnaissances des enfants par le père. La reconnaissance donne à l'enfant un nom, souvent une position de fortune, et le fardeau ne pèse plus uniquement sur la mère : c'est bien là l'idée généreuse qui a dirigé cette demande de réforme.

Il est certain que cette demi-réhabilitation présente au premier abord des avantages sérieux. Mais si on l'examine de près, la désillusion ne tarde pas à s'emparer des esprits.

Ou le père naturel s'intéresse à l'avenir de son enfant, ou il a formé le dessein de l'abandonner.

Dans la première hypothèse, la reconnaissance est-elle la voie la plus avantageuse à suivre pour réparer la faute? C'est l'avis généralement répandu dans le monde, et je crois que c'est une erreur.

Il ne faut pas oublier que le Code a été fait principalement pour protéger les unions et les naissances légitimes, et le législateur avait raison.

Mais, par suite, le sort de l'enfant illégitime s'est trouvé singulièrement modifié, surtout au point de vue des successions.

C'est pourquoi on peut arriver à se demander s'il y a intérêt pour l'enfant naturel à être reconnu par son père.

Voici une espèce : le mariage subséquent n'a pas eu lieu par suite de la mort subite de la mère. Le père a des frères ou sœurs; il reconnaît l'enfant et meurt à son tour : l'enfant n'aura droit qu'à la moitié de la succession (C. civ. 757). La reconnaissance n'a-t-elle pas eu lieu? Le père peut lui léguer tous ses biens (C. civ. 916).

Je sais bien que c'est un moyen détourné d'éluder la loi, mais en face de lois incomplètes, c'est la route la plus pratique à suivre si le père meurt avant cinquante ans et qu'il veuille laisser toute sa fortune à son enfant.

A cinquante ans, l'adoption peut réparer le mal, mais c'est encore là une question qui a soulevé de nombreuses controverses. Les derniers arrêts de la Cour de cassation admettent l'adoption de l'enfant légalement reconnu (13 mai 1868); les opinions sur la validité de cette adoption ne sont pas moins restées très partagées et ne sont pas encore conciliées, tandis que l'adoption d'un enfant non reconnu sera plus difficilement attaquée par les héritiers.

Dans cette première hypothèse, nous voyons

12

donc que la recherche de la paternité n'a pas
d'utilité ; le père a jugé par lui-même quelle était
la situation préférable, et l'immixtion d'étrangers
dans une affaire aussi délicate pourrait nuire plutôt
que profiter à l'enfant.

Passons à la seconde hypothèse : le père ne veut
pas s'occuper de l'enfant.

Qu'obtiendrez-vous en l'obligeant à le reconnaître? L'enfant aura le nom, mais quant à la fortune, le père peut la dissiper intentionnellement,
et on ne gagnera à cette reconnaissance forcée
qu'une haine qui sera souvent partagée par la famille du père.

Le nom lui-même sera-t-il un héritage bien
tentant lorsque la reconnaissance résultera de la
condamnation du père pour viol? Arriver à porter
le nom d'un ancien forçat est un résultat peu en-
viable.

J'ajouterai même que la mère, après avoir subi
les derniers outrages, s'efforcera presque toujours
de cacher à l'enfant le secret de sa naissance.

Là encore la recherche de la paternité n'atteint
pas le but que se proposaient les auteurs du
projet.

Quant à la séduction, nous tombons dans une
perturbation complète pour la tranquillité des familles. On demande que, pendant vingt et un ans
et six mois, l'enfant et ses ayants droit puissent

rechercher la paternité! Mais c'est jeter le trouble dans la société!

Toutes les mesures de prudence n'empêcheront pas le scandale d'éclater chaque fois que ces procès trouveront des agents pour les soulever. Et ces procès seront nombreux : c'est le chantage sur une grande échelle!

Je comprends encore la recherche de la paternité en cas d'enlèvement; là, il y a un fait matériel, l'enlèvement, qui peut être un commencement de preuve.

Mais, dans la séduction, qu'arriveront à prouver les témoins, les lettres même du père? Qu'il y a eu cohabitation, grossesse; je le veux bien, mais sur quelles preuves certaines établira-t-on la *vertu* de la femme séduite? Et c'est le point unique à démontrer.

Nous ne sommes plus au XVIᵉ siècle, époque à laquelle « la paternité était prononcée sur la foi seule de la mère, pourvu qu'elle ait fait serment au milieu des douleurs de l'enfantement »[1].

« Dans un siècle où le peuple a conservé ses mœurs, peut-être on pourrait se confier à la déclaration d'une jeune fille et j'aurais aussi condamné Manlius, dont on vous a tant parlé sur la seule déposition d'une fille qui touchait au temps des

1. Proposition de loi du 16 février 1878.

Lucrèce! Temps vertueux! Siècle des mœurs!
Allez, allez, gardez vos histoires. Elles nous paraî-
tront des fables, et le moment de jurer sur la foi
d'une fille est bien loin de nous. » (Servan, t. I,
p. 414.)

Permettre la recherche de la paternité dans ces
conditions, c'est dépasser le but; non pas que le
sort de la femme séduite ne soit digne d'intérêt.
La jeune fille qui a succombé, aux promesses
trompeuses est plus à plaindre qu'à blâmer; aussi
trouve-t-elle protection auprès des tribunaux. Il
est de jurisprudence constante aujourd'hui d'admettre la demande de la mère abandonnée et de
lui allouer des dommages-intérêts. Mais de là à
réclamer les reconnaissances forcées, il y a un
abîme.

Si réellement les jurisconsultes veulent arriver
à diminuer le nombre des naissances illégitimes,
leur préoccupation devra se reporter, non pas sur
les naissances, mais sur les mariages.

C'est de 1816 que date cet accroissement dans
le dérèglement.

« Un chiffre emprunté à la statistique des naissances illégitimes, dit le projet de loi, suffirait à
le démontrer. On comptait, en 1815, un enfant
naturel sur vingt naissances; il en naît aujour-
d'hui un sur quatorze enfants. »

Quel événement a donc pu apporter ce trouble
soudain?

La loi du 8 mai 1816 abolissait le divorce, et il ne faut pas chercher ailleurs cette augmentation dans le nombre des naissances illégitimes, naissances d'autant plus tristes qu'elles sont non seulement illégitimes mais adultérines.

Il est vrai que l'esprit public, en ce moment, est très hostile au rétablissement du divorce : on se retranche principalement derrière la question religieuse, quand l'Histoire est là pour prouver que l'Église, de tout temps, a été la première a ordonner certaines répudiations, à approuver certains divorces.

Il est préférable, paraît-il, de laisser les époux séparés créer des familles d'enfants adultérins ! Si tel est l'avis de la majorité, nous devons nous incliner, mais il ne faut pas s'étonner alors de voir augmenter le nombre des naissances illégitimes.

Je terminerai ces courtes observations en signalant une lacune de la loi qui accroît le chiffre des enfants naturels. C'est la difficulté que rencontrent les parents à régulariser leur position dans les situations critiques : je veux parler des mariages *in extremis*.

Notre Code est resté muet sur ce point : aucune facilité n'est accordée pour hâter cette réparation suprême. Alors même (ce qui est rare), que les futurs époux sont munis de tous les actes constatant les autorisations ou décès des ascendants, il faut l'approbation du Parquet pour ne faire qu'une publication, laquelle publication ne peut avoir lieu que le dimanche; et l'officier de l'État civil est responsable.

C'est ainsi qu'à force d'entourer le mariage de précautions minutieuses, on arrive à rendre impossible la légitimation des enfants dans certaines circonstances, malgré tout le désir du père et de la mère.

La loi est inflexible et il est rare de trouver un officier de l'État civil qui prenne sur lui de violer les règlements. J'ai entendu cependant citer un maire qui n'a pas hésité à faire le mariage d'un ouvrier blessé mortellement dans un accident de chemin de fer. Cet homme n'avait pas une heure à vivre; l'officier de l'État civil célébra aussitôt le mariage qui légitimait plusieurs enfants, et il ne fut pas poursuivi par le Parquet : ce qui était sensé à tous les points de vue.

Que devait-il arriver si les déclarations des époux avaient été entachées de fraude ou d'erreur? Le mariage pouvait être attaqué par les héritiers, et les tribunaux auraient annulé l'acte.

Mais le maire, avec raison, allait au plus pressé: avant tout, il fallait célébrer le mariage pour assurer l'avenir des enfants!

Nos lois devraient donc aplanir toute difficulté de ce côté et étendre le pouvoir des officiers de l'État civil, en admettant le mariage *in extremis*.

Ce serait, avec le divorce, un moyen de diminuer la filiation naturelle, moyen beaucoup plus sûr que la recherche de la paternité dans le viol et la séduction.

LA RECHERCHE DU GIBIER

CONSTITUE-T-ELLE UN FAIT DE CHASSE[1]?

La question de savoir si la recherche du gibier
constitue un fait de chasse, et si dès lors la
recherche du gibier à trait de limier, sur le terrain d'autrui, sans l'autorisation du propriétaire,
constitue un acte délictueux, vient d'être récemment posée devant la cour de Cassation et résolue, dans le sens de l'affirmative, par la cour
d'Orléans, statuant comme cour de renvoi. Nous
avons publié ces deux décisions (voir 2e partie,
pages 487 et 572) et les notes qui les ont accom-
pagnées nous ont valu les réflexions suivantes
d'un « *chasseur, docteur en droit* ». Elles sont,
croyons-nous, de nature à intéresser nos lecteurs.

(*La France judiciaire*, 1877-78, p. 443.)

La capture du gibier est le but du chasseur.

On capture le gibier, d'ordinaire, après l'avoir poursuivi;
on le poursuit après l'avoir trouvé; on le trouve après
l'avoir cherché.

C'est donc par la recherche du gibier que la chasse commence; par la poursuite qu'elle se continue; par la cap-

1. Je me permets de reproduire l'article signé « *Un chasseur, docteur en droit* » : cette citation est nécessaire pour expliquer mon
propre article, qui n'est qu'une réponse à une opinion que je ne partage pas.   R. L.

ture ou quand les chiens, en défaut, ont abandonné la trace, que la chasse se termine.

Rechercher, poursuivre et capturer le gibier, voilà les trois actes de la chasse.

Chacun de ces actes fait partie intégrante de la chasse ; dès qu'un seul est exécuté, on a chassé. Depuis le matin, avec vos chiens, vous parcourez la plaine, vous battez les bois, ai-je besoin d'attendre votre retour, de connaître le résultat de la journée, pour dire que vous êtes en chasse ? Le soir vous n'avez rien capturé, rien poursuivi, rien trouvé, je n'en dis pas moins que vous avez chassé. Et cependant que reste-t-il de la chasse ? Ce seul fait, vous avez recherché le gibier.

La recherche du gibier est un fait de chasse, et un des plus importants.

Je comprends la chasse, sans la capture. C'est la poursuite, la voix des chiens accompagnée du son du cor, dans la chasse à courre.

Je comprends encore la chasse sans la poursuite. C'est là quête du gibier pour dresser les chiens.

Mais je comprends moins facilement la poursuite et la capture, sans la recherche du gibier. Que diraient les chasseurs d'un arrêté ainsi conçu : « Il est permis de poursuivre et de capturer le gibier, mais la recherche en est interdite. » Que deviendrait la chasse ? Je ne sache pas que saint Hubert envoie souvent le gibier au-devant du chasseur. Il n'y a que dans les romans, où il arrive parfois qu'un cerf égaré entre dans une ferme, dans la cour d'un château.

Donc la recherche du gibier, pour employer les termes mêmes de la Cour de cassation, est l'acte initial et le début nécessaire de la chasse.

Je le dis de celui qui fait quêter un chien en liberté. Je le dis également de celui qui, avec un limier muet, tenu en laisse, recherche la piste, fait le bois.

On m'objecte que je confonds deux situations bien distinctes. Dans la première, avec un chien libre, on a la volonté et le moyen de poursuivre, de capturer le gibier. Dans la seconde, avec un limier en laisse, on ne peut vouloir ni une poursuite, ni une capture, qui sont impossibles. On en conclut que, dans un cas, la recherche du gibier est un acte de chasse; que, dans l'autre, ce n'est qu'un acte préparatoire, un préliminaire de la chasse.

Cette distinction se concilie difficilement avec les principes de notre droit criminel.

Une infraction à la loi pénale n'existe pas par cela seul qu'on a la volonté et les moyens de la commettre. Il faut qu'à cette volonté vienne se joindre un acte extérieur, un fait matériel qui la réalise. La loi ne tient aucun compte de la volonté, tant qu'elle est restée à l'état de projet; des moyens, tant qu'ils n'ont pas servi à l'exécution.

De ce principe découlent plusieurs conséquences.

Aussitôt la quête du gibier commencée, le délit existe. L'infraction se trouve dans la volonté de rechercher le gibier, volonté qui a été suivie d'exécution; non dans la poursuite et la capture qui n'ont pas été réalisées. C'est dans la recherche seule qu'il faut chercher les éléments et les caractères de l'infraction. A ce point de vue seul il faut examiner la volonté et les moyens d'exécution.

La recherche une fois accomplie, il n'y a pas à distinguer les divers moyens dont on s'est servi pour l'exécuter. Que ce soit avec un limier en laissse ou avec un chien en liberté, je ne vois pas en quoi la recherche diffère; en quoi son exécution est moins complète. Dans les deux cas la recherche présente le même danger, elle conduit également à la découverte du gibier. Qu'importe que l'un des chiens ne puisse ni poursuivre, ni capturer le gibier ! Qu'importe la volonté à cet égard ! puisque ce n'est pas dans la poursuite et la capture qu'il faut chercher les éléments de l'incrimination.

On reproche à ce système d'exposer toute personne qui se promène, même sans chien, à être condamnée pour fait de chasse. L'objection ne m'arrête pas. Tout promeneur qui sera surpris à faire la brisée ou tout autre acte rendant la recherche du gibier non douteuse, devra être condamné. La difficulté n'est pas là. Elle est dans la constatation du délit : dans la plupart des cas, l'acte qui caractérise la recherche est fugitif, insaisissable, la preuve échappe.

La loi du 3 mai 1844, sur la police de la chasse, vient à l'appui de l'opinion que je défends.

Cette loi, il est vrai, ne définit pas le mot *chasse*, mais cette définition je la trouve dans la circulaire que le ministre de la justice adressait à ses procureurs généraux, en leur traçant les règles à suivre dans l'appréciation de la nouvelle loi. Voici en quels termes il s'exprimait : « Pour être fidèle à la pensée de la loi, il faut entendre le mot chasse dans le sens le plus général, et l'appliquer sans distinction à la recherche, à la poursuite de toute espèce de gibier, »

La chasse consiste donc dans la recherche aussi bien que dans la poursuite du gibier. Voilà comment la comprenait celui qui avait préparé la loi, qui l'avait discutée, qui devait le mieux en connaître l'esprit.

La protection de la propriété et la conservation du gibier tel est le double intérêt qu'a voulu sauvegarder la loi du 3 mai 1844. Son texte et son exposé des motifs ne laissent aucun doute à cet égard.

Le système adopté par le tribunal de Château-Chinon, dont la décision a été infirmée par arrêt de la Cour d'Orléans du 20 mai 1878, conduit à un résultat tout contraire : il laisse la propriété et le gibier sans défense ; il mène à des conséquences qui donnent la mesure de sa valeur.

En effet, du moment où la quête à trait de limier n'est plus un fait de chasse, toute personne, en tous temps et en tous lieux, peut s'y livrer impunément. Elle le peut avec ou sans permis ; avant comme après la clôture de la chasse, en temps ordinaire comme en temps de neige, le jour et la nuit ; sur son terrain et sur celui d'autrui, avec ou sans la permission du propriétaire.

Le braconnier viendra jusque dans vos demeures. Le premier, le matin, il aura fait le bois ; à votre arrivée, les voies ne seront plus fraîches ; les traces, il les aura effacées. Le gibier attardé qui, à la pointe du jour, rentre au bois, il l'aura éloigné de l'héritage. Celui qui, par les temps de pluie, se réfugie sur les lisières des bois, il l'aura épouvanté, fait changer de place. Ce sera pis encore à l'époque de la reproduction et en temps de neige, lorsque le gibier, comme le dit la Cour de cassation, a le plus besoin de sécurité, peut le moins se défendre.

Le braconnage, ce fléau de la propriété et de la chasse, vous serez sans moyens pour le combattre. Plus de délit, une simple contravention, encore faut-il que le terrain où l'on passe soit préparé ou ensemencé. Plus d'emprisonnement, une faible amende de cinq francs et des dommages-intérêts, condamnations pécuniaires, que l'insolvabilité rend, la plupart du temps, illusoires.

Si la loi du 3 mai 1844, sur la chasse, était ainsi faite, il faudrait l'accuser d'imprévoyance. Mais elle ne mérite pas ce reproche. Elle punit de peines sévères tous ceux qui, sans autorisation, recherchent le gibier sur le terrain d'autrui, sous quelque forme que cette recherche se produise, les lieutenants de louveterie, comme les autres, à moins qu'ils n'aient accompli les formalités que les règlements leur imposent.

Un chasseur, docteur en droit.

L'article que nous avons publié l'année dernière (voir p. 443) sur cette question, nous a valu les réflexions suivantes qui, aboutissant à une conclusion opposée, nous semblent de nature à intéresser nos lecteurs.

(*La France judiciaire*, novembre 1878, p. 17.)

Les réflexions du « *chasseur, docteur en droit* » se trouvent d'accord avec les arrêts de la Cour de cassation, mais la jurisprudence n'est pas encore bien fixée sur ce genre de délits de chasse, et il faut reconnaître que les Cours d'appel n'ont pas toutes adopté les rigueurs de la Cour suprême.

Étendre les faits de chasse à la simple recherche du gibier sans intention de s'en emparer, n'est-ce pas dépasser le but que s'est proposée la loi de 1844 ? — « Mais, dit la Cour de cassation, les actes de ce genre ne pourront jamais être réprimés si ce ne sont pas des faits de chasse, et cependant ils portent atteinte aux intérêts que la loi sur la chasse a pour but de protéger..... Ils peuvent en effet éloigner le gibier de l'héritage où ils s'accomplissent, au détriment du propriétaire de cet héritage; en temps prohibé ou en temps de neige, ils sont un danger pour le gibier inhabile à se défendre par la fuite, et, à l'époque de la reproduction, le privent de la sécurité nécessaire à la conservation et à la propagation de l'espèce; ils ne nuisent pas moins que la poursuite même du gibier aux récoltes traversées par le chasseur et par son chien; ils sont donc des faits de chasse d'après l'esprit de la loi de 1844 aussi bien que d'après sa lettre........ (4 janvier 1878.) »

Ces actes sont des faits de chasse parce qu'ils peuvent éloigner le gibier d'un héritage, troubler la sécurité ou la reproduction des animaux sauvages, ou nuire aux récoltes ! Qu'est-donc alors que la chasse ?

Si je prends l'article que je discute, je lis cette première phrase :

« La capture du gibier est le but du chasseur.

» On capture le gibier, d'ordinaire, après l'a voir poursuivi; on le poursuit après l'avoir trouvé ; on le trouve après l'avoir cherché.

» C'est donc par la recherche du gibier que la chasse commence, par la poursuite qu'elle se continue; par la capture ou quand les chiens, en défaut, ont abandonné la trace, que la chasse se termine. »

La recherche, la poursuite, la capture du gibier, tels sont les actes qui constituent un fait de chasse. « C'est un ensemble d'opérations qui commencent par la recherche d'un animal sauvage pour aboutir à sa capture. » (Cour de cassation, 4 janvier 1878.)

Si ces définitions sont exactes, elles ne sont pas applicables au fait qui consiste uniquement à troubler le repos du gibier ou à nuire aux récoltes, puisqu'il n'y a ni poursuite ni capture.

Que cette invasion sur le terrain d'autrui soit une cause de préjudice, je ne nie pas le fait, mais il y a lieu de poursuivre alors, non pour délit de chasse, mais pour contravention aux lois de police, ou même pour dommages au moyen de l'action civile. (Art. 11, Loi de 1844.)

Le juge de paix condamnera le prévenu pour avoir traversé les terres préparées ou ensemencées, le tribunal compétent allouera au plaignant la somme nécessaire pour réparer les dégâts causés sur sa propriété, mais de là à considérer comme un délit de chasse le fait de promener un chien dans une plaine pour le dresser, ou encore de faire le bois, il y a loin. Et cependant la Cour de cassation, dans un arrêt du 17 février 1853, a décidé que faire quêter un chien d'arrêt, même dans l'unique but de l'exercer, est un fait de chasse. La Cour de Douai était d'un avis contraire.

D'où vient ce désaccord ?

Les partisans du système le plus rigoureux font lo raisonnement suivant : un fait de chasse consiste, comme nous l'avons dit plus haut, à rechercher, poursuivre et prendre le gibier : donc chacune de ces opérations prise isolément est un fait de chasse. C'est sur ce point précisément que les partisans du second système sont d'un avis opposé : rechercher, poursuivre le gibier, ce sont des faits de chasse, mais à une condition, c'est que le but du chasseur soit de capturer la pièce de gibier ; sinon, la recherche et la poursuite ne sont que des actes préparatoires, puisqu'il a été dit que le but unique de la chasse était la capture du gibier.

C'est l'ensemble de ces trois actes qui constitue le fait de chasse, et non pas la recherche ou la poursuite, si l'intention de capturer n'existe pas.

Promener un chien d'arrêt dans une plaine pour l'habituer à la chasse, c'est faire du dressage ; il n'y a pas là de délit de chasse. Il n'y a pas non plus délit de chasse dans le fait « de parcourir un bois sans arme, tenant en laisse un chien limier, à l'effet seulement de reconnaître l'existence du gibier dans ce bois, et, par exemple, la présence d'un sanglier aperçu précédemment. » (Dijon, 19 novembre 1862.) La Cour de cassation est cependant d'un avis opposé (20 mai 1878).

Si nous admettons que la recherche et les poursuites à elles seules constituent des faits de chasse, il ne faut plus dire alors que « la capture du gibier est le but du chasseur », mais que la chasse consiste soit à rechercher, soit à poursuivre, soit à capturer le gibier. N'est-ce pas aller trop loin ?

On arriverait ainsi à rendre la préparation de la chasse presque impossible pour tout le monde, puisque le dressage des chiens serait défendu et que le propiétaire d'une chasse n'aurait plus le

13

droit de sortir son chien avant l'ouverture de la chasse.

Il a été cependant admis jusqu'à ce jour que le dressage devait se faire avant l'ouverture, et c'est la grande occupation des gardes quand la chasse est fermée.

Mais, me dira-t-on, si la recherche du gibier, prise isolément, n'est pas un fait de chasse, celui qui recherche ou poursuit le gibier ne sera donc passible d'une condamnation que s'il capture ou cherche à capturer le gibier ? Il faudra que le garde attende que les trois actes se soient accomplis pour faire le procès ?

En aucune façon. Cette recherche du gibier, qui, prise isolément, n'est qu'un acte préparatoire, peut devenir un fait de chasse si elle est l'acte initial, le début nécessaire de la chasse.

Voici un exemple qui me fera mieux comprendre. Un garde fait le bois avec un limier, c'est-à-dire que, guidé, par son chien, il s'approche le plus près possible du gibier au repos pour constater sa présence ; puis il se retire sans bruit. C'est là un fait de chasse ! Voir le gibier, c'est chasser ! Avec ce système-là, on peut aller très loin. Un chasseur traverse la plaine : prévenu par l'arrêt de son chien, il voit sur le terrain du voisin un lièvre au gîte ; il faudra dire qu'il commet un délit de chasse en regardant ce lièvre ! La question paraît ridicule, et je me demande cependant quelle diffé-

rence on peut trouver entre le garde et le chasseur. Dans les deux cas, la recherche n'est qu'un
acte préparatoire.

Mais le garde lance l'animal, le chasseur se dis-
pose à tirer; l'acte préparatoire, par ce commencement d'exécution, devient l'acte initial. Le garde
découple la meute, le chasseur fait partir le
lièvre; la chasse se continue par la poursuite;
enfin l'animal est tué ou manqué, l'acte de la
chasse est consommé par la capture ou la tentative de capture. Il faut donc attendre, objectera-
t-on de nouveau, que la chasse soit terminée pour
dresser procès-verbal.

Non pas : dans les deux espèces, il suffira de
constater que le chasseur est *en action de chasse,*
quel que soit le moment de cette constatation.

Or le garde, suivant moi, n'est pas en action
de chasse tant qu'il se contente de faire le bois,
c'est-à-dire, de chercher à voir le gibier; il est en
action de chasse dès qu'il lance le gibier, sachant
que ses maîtres sont postés pour poursuivre l'animal détourné.

Le chasseur n'est pas en action de chasse tant
qu'il a le fusil sous le bras; il est en action de
chasse dès qu'il se prépare à tirer, qu'il fasse ensuite feu ou non.

Il n'est donc pas nécessaire d'attendre que l'acte
de chasse soit complètement consommé pour faire
le procès-verbal, mais il faut que l'intention de

chasser, c'est-à-dire de s'emparer du gibier, ait été manifestée par *un commencement d'exécution*.

A l'appui du système soutenu par la Cour de cassation, on nous montre le braconnier chassant « jusque dans nos demeures » si les mesures de rigueur sont abandonnées.

Je ne suis pas le défenseur des braconniers et j'indiquais dernièrement le moyen d'arrêter le braconnage par l'application sévère de la loi de 1844, au sujet de la vente du gibier en temps prohibé.

Ce serait donc à regret que je combattrais la jurisprudence actuelle si elle pouvait réprimer le braconnage. Mais j'avoue que je ne saisis pas en quoi les braconniers pourront être tracassés parce que la recherche du gibier sera considérée comme un fait de chasse.

Généralement les braconniers ne se promènent pas avec des limiers; ils ne s'amusent guère non plus à dresser des chiens sous le nez des gardes : du reste le braconnier qui chasse à l'aide du fusil n'est pas le plus dangereux. C'est le panneauteur, le poseur de collets qui détruisent lo gibier, et non celui qui tire un coup d'affût. En quoi ceux-là sont-ils gênés par la loi qui punit la recherche du gibier ? Celui qui prépare un coup de panneau ou qui veut tendre des collets marche presque toujours seul, sans chien, le long des routes, au bord des bois. Pour le panneau, il examine la plaine, écoute le cri des perdreaux qui rappellent le soir, il sait quel canton ils occuperont pendant la nuit. Veut-il poser des collets, il reconnaît les coulées avec soin, et il n'a pas besoin d'un chien pour savoir où passe le chevreuil ou le lapin.

Que peut dire un garde à un homme qui se promène sur les routes, les mains dans les poches?

Ce n'est donc pas le braconnier qui est frappé par la rigueur de la loi. Il faut bien le reconnaître; la plupart des procès qui ont été plaidés étaient la suite de rivalités entre grands propriétaires.

La passion de la chasse a causé plus de querelles que bien des faits d'une plus haute gravité : on est arrivé à se traduire devant la justice pour des peccadilles et à obtenir des arrêts qui, s'ils étaient appliqués rigoureusement, rendraient la chasse impossible.

Ces lois sévères ne remplissent pas le but qu'on s'est proposé, mais ce désaccord dans la jurisprudence nous montre une fois de plus que si la loi de 1844 a de bons côtés, elle offre des points faibles qui devraient attirer l'attention des législateurs.

En résumé, je comprends que la recherche du gibier soit considérée comme un acte de chasse, lorsqu'il est constaté qu'elle est l'acte initial d'un fait de chasse, mais lorsque la recherche n'est suivie ni de poursuite, ni de capture ou tentative de capture, ce n'est qu'un acte préparatoire, et je termine en appropriant à ma thèse cette citation que je prends à l'auteur de l'article que j'ai combattu : « La loi ne tient aucun compte de la volonté, tant qu'elle est restée à l'état de projet; des moyens, tant qu'ils n'ont pas servi à l'exécution. »

R. L.

L'ORDONNANCE CRIMINELLE DE 1670

L'ORDONNANCE CRIMINELLE DE 1670 :

SON INFLUENCE SUR LA LÉGISLATION DE 1789.

(APERÇU HISTORIQUE.)

« La massima felicita' divisa sul maggior
numero. »
BECCARIA.

Comparer l'Ordonnance criminelle de 1670 à
nos lois pénales de la fin du xviiie siècle, c'est
écrire l'histoire de la Monarchie livrant ses derniers combats à l'adversaire qui devait la renverser après une lutte de plusieurs siècles, à l'Esprit
de la Révolution.

Toutes ces attaques dirigées contre la liberté
individuelle, toutes ces procédures iniques, ces
supplices, ces tortures, n'étaient-elles pas les dernières armes d'une force qui sentait le sceptre
lui échapper ?

La modification des pénalités dans un sens plus
rigoureux, alors que Louis XIV était le Grand-
Roi, ne prouvait-elle pas que le danger était me-

naçant et qu'il fallait avoir recours aux ressources suprêmes du pouvoir absolu ?

C'est ainsi que Louis XIV, au lieu de suivre ses prédécesseurs dans la voie d'amélioration qu'ils lui avaient à peine tracée, revient aux anciens errements : l'Ordonnance de 1670 n'est, en grande partie, qu'une copie de l'Ordonnance de 1539.

Mais il faut remarquer que, si elle frappe plus lourdement encore la liberté individuelle, elle n'ose pas continuer la réforme qu'avait entreprise l'Ordonnance de 1539 : elle recule devant la puissance du pouvoir clérical.

A Villers-Cotterets, François Ier n'avait pas craint d'arrêter les débordements du clergé dont les prérogatives, comme magistrature, tentaient à vouloir étouffer le droit séculier.

Lorsqu'en 1670 on veut établir une juridiction unique pour tous, la proposition soumise au roi est rejetée, et les prêtres gardent leur autorité, au moins en partie, vis-à-vis de leurs inférieurs.

Louis XIV comprenait qu'il avait là un allié puissant et que c'était impolitique de se priver de son concours,

Effort inutile ! Lorsque le torrent vint à déborder, il entraîna avec lui et couronnes de rois et crosses d'évêques ; car le souffle de la liberté devait soulever aussi bien le bas clergé que l'homme du peuple.

A l'ouverture des États-Généraux en 1789, la

résistance de la noblesse et du clergé fut vaincue grâce au concours des curés qui, les premiers, se rallièrent aux volontés du Tiers-État.

« Le vendredi (12 juin), la dernière invitation est communiquée ; les deux ordres répondent qu'ils vont délibérer ; le roi, qu'il fera connaître ses intentions. L'appel des bailliages commence : le premier jour, trois curés se rendent et sont couverts d'applaudissements ; le second, il en arrive six ; le troisième et le quatrième dix, au nombre desquels se trouvait l'abbé Grégoire..... (THIERS, *Révolution Française*.) »

Nous écrivons donc l'histoire de la Monarchie et celle de la Révolution en étudiant notre législation criminelle à un siècle d'intervalle.

C'est, par conséquent, au point de vue historique beaucoup plus qu'au point de vue juridique que les recherches doivent être faites si l'on veut arriver à montrer quelle a été l'influence de l'Ordonnance de 1670 sur les lois de la fin du xviiie siècle, quels étaient les progrès à obtenir, enfin à indiquer ce qui manque encore aujourd'hui pour avoir un Code pénal en rapport avec la civilisation moderne.

« On doit cette justice aux hommes publics qui ont fait du bien à leur siècle, dit Voltaire *(Siècle de Louis XIV,* ch. xxix), de regarder le point dont ils sont partis, pour mieux voir les changements qu'ils ont fait dans leur patrie. La postérité leur doit une éternelle reconnaissance des exemples qu'ils ont donnés, lors même qu'ils sont surpassés. Cette juste gloire anima Louis XIV, lorsque, commençant à gouverner par lui-même, il voulut réformer son royaume, embellir sa cour, et perfectionner les arts..... »

Oui, le règne de Louis XIV a été glorieux, et les hommes illustres, les Turenne, les Colbert, les Racine, les Corneille, Molière, La Fontaine, Fénelon, Bossuet, qui entourèrent le trône, ont donné à ce siècle un éclat incontestable, mais, si les œuvres de Louis XIV ont laissé des traces durables dans les arts, le commerce, l'armée, il manquait à ce monarque, pour réformer les lois criminelles, ces idées nouvelles qu'apportait la Révolution et que ne pouvait comprendre un gouvernement royal.

Il est bien vrai que le cours de la justice offrait des lacunes regrettables et qu'il fallait des réformes.

Déjà François Ier avait eu recours aux Grands-Jours, mais, malgré l'Ordonnance de 1539, le conflit existait partout entre les grands corps judiciaires.

Pour modifier la législation, pour améliorer l'administration de la justice, il était nécessaire d'agir dans un sens libéral : c'était demander l'impossible.

Aussi l'Ordonnance de 1670 est-elle restée le

le témoignage irrécusable des excès que peut engendrer le pouvoir despotique.

« La réforme des lois françaises, dit F. RAGON dans son *Abrégé de l'Histoire générale des temps modernes,* est un des principaux titres de gloire de Louis XIV. Il y fit travailler le chancelier Séguier, plusieurs membres du Parlement, entre autres, les Lamoignon, les Falon, les Bignon et surtout le conseiller d'État Pussort, oncle de Colbert. Il assistait quelquefois à leurs assemblées. L'année 1667, époque de ses premières conquêtes, fut aussi celle de ses premiers règlements. L'Ordonnance civile parut d'abord, et ensuite le Code des eaux et forêts ; puis des Statuts pour toutes les manufactures ; l'Ordonnance criminelle (1670), le Code de commerce (1673), celui de la marine, et enfin, en 1685, le *Code noir,* qui rétablit les nègres de nos colonies dans une partie des droits de l'humanité..... »

Ces réformes ne furent pas toutes heureuses : nous ne nous occuperons ici que de l'Ordonnance de 1670, et l'analyse de cette loi fera comprendre facilement que les législateurs de 1789 furent obligés de renverser l'édifice presque tout entier pour créer un Code pénal digne des idées nouvelles.

Par l'examen du titre Ier de cette Ordonnance, titre qui traite de la question de compétence, nous voyons la procédure prendre une forme plus régulière, au moins en apparence : « La connaissance des crimes appartiendra aux juges des lieux où ils auront été commis et l'accusé y sera renvoyé si le renvoy en est requis (art. 1er). »

Ce n'était pas une innovation. « Cet article est conforme à l'Ordonnance de Charles IX, à Paris, de l'an 1563 (art. 19), par laquelle, si le délinquant est pris au lieu du délit, son procès sera fait et jugé en la juridiction où le délit aura été commis, sans que le juge soit tenu de le renvoyer en une autre juridiction, dont l'accusé ou prisonnier prétendra être domicilié... (Conférences des Ordonnances de Louis XIV, par Philippe Bornier, lieutenant particulier en la sénéchaussée de Montpellier.) »

Mais le rétablissement de cet article n'a pas la portée que semble lui donner la place qu'il occupe en tête de ce titre.

Le magistrat pouvait se conformer à cette instruction, si tel était son bon plaisir, quand l'accusé était un simple particulier; mais les articles suivants prouvent surabondamment que cette règle ne s'appliquait plus lorsque le prisonnier n'était pas un roturier.

Les juges-prévôts ne peuvent connaître des crimes commis par les gentilshommes ou par les officiers de judicature (art. 10); ce sont les baillis, sénéchaux et juges présidiaux qui sont compétents pour les cas royaux (art. 11); enfin, l'article 13 est inscrit par ordre du roi. C'est à cet article que nous faisions allusion plus haut lorsqu'il était question des empiétements du clergé. « N'entendons déroger par le précédent article aux privilèges dont les ecclésiastiques ont accoustumé de jouir. »

Louis XIV refuse de compléter l'Ordonnance de 1539, dont l'article 1er était au moins un acte d'autorité : « ... C'est à sçavoir que nous avons défendu et défendons à tous nos sujets de ne faire citer, ni convenir les laïcs par devant les juges d'Église, ès actions pures personnelles, sous peine de perdition de cause et d'amende arbitraire... » En 1670, les ecclésiastiques conservent leurs privilèges.

Voici donc le principe d'égalité complètement méconnu par cette Ordonnance; mais si l'on va plus loin et que l'on examine la procédure, il faut reconnaître que toute notion de justice est effacée et remplacée par une véritable inquisition.

Tout est mystérieux dans les informations : «Les témoins seront ouïs secrètement et séparément (titre VI, art. 11) »; lors même qu'il n'existe aucun commencement de preuves, les juges, même ecclésiastiques, peuvent avoir recours aux monitoires, sortes d'instructions qui obligent les té-

moins à venir déposer devant les curés et les vi-
caires sous peine d'excommunication (titre VII) ; les
accusés doivent prêter serment, se trouvant ainsi
partagés entre la crainte de se parjurer et celle de
se perdre par des aveux (art. 7, titre XIV) ; enfin
l'accusé est privé de défenseur dans presque
toutes les affaires et principalement dans les affaires capitales.

C'est en vain que M. le président de la Moignon
demande l'assistance de l'avocat, en rappelant que
les Romains ne refusaient pas ce concours : « Il
est vrai, répond M. le conseiller d'État Pussort,
que dans l'ancienne Rome, et même par l'usage du
royaume avant l'ordonnance de 1539, l'accusé se
défendait par la bouche de son avocat, même
dans les plus grands crimes ; et quoiqu'elle n'ait
pas nommément retranché le conseil, néanmoins
s'il avait été jugé nécessaire à la défense des accusés, on en aurait indubitablement fait une ré-
serve dans cette ordonnance, comme une exception de la règle générale qu'elle rétablissait. C'est
ce qui se reconnaît évidemment dans ce grand
procès qui fut fait incontinent après à l'auteur de
cette même ordonnance, car il se voit que non
seulement on lui ôta la liberté de répondre par
le ministère d'un avocat, mais que même toute
communication lui fut interdite, à l'exception de
la règle générale qu'elle rétablissait... »

Le conseiller Pussort faisait allusion à la condamnation du chancelier Poyet, en avril 1545 : on lui avait refusé l'assistance d'un conseil en lui disant : « *Patere legem quam ipse tuleris* ».

Les articles 8 et 9 furent donc maintenus malgré l'opposition du premier président.

Ainsi l'accusé est au secret; les témoins sont interrogés en son absence; il n'a pas de défenseur, sauf de rares exceptions.

Une seule ressource lui reste pour combattre l'instruction, c'est la confrontation.

Mais elle n'est pas obligatoire (titre XV, art. 1er), et, si le juge croit utile de l'ordonner, elle a lieu dans des conditions telles qu'elle devient une mesure illusoire.

Non seulement les témoins, après le récolement, peuvent être poursuivis s'ils modifient leurs dépositions (art. 11), mais l'accusé n'a le droit de discuter leurs témoignages qu'au moment même de la confrontation : « L'accusé sera ensuite interpellé par le juge pour fournir sur le champ ses reproches contre le témoin, si aucuns il a; et averti qu'il n'y sera plus receu après avoir entendu la lecture de sa déposition, dont sera fait mention (art. 16) ». — « Pourra néanmoins en tout estat de cause proposer des reproches, s'ils sont justifiés par écrit », dit l'article 20. Concession dérisoire pour un homme privé de toute espèce d'assistance !

Le titre suivant, laissant de côté la procédure

14

d'instruction, nous montre l'administration de la justice sous un jour différent.

Il s'agit des lettres d'abolition, de rémission, de pardon, idée généreuse, mais qui malheureusement laissait le champ libre à l'arbitraire.

« L'abolition, dit Domat, est nécessaire pour ceux qui sont convaincus et qu'aucune circonstance ne peut excuser; car alors, si le prince veut pardonner, il faut qu'il le fasse par une autre voie que par la grâce et la rémission qui sont fondées sur les circonstances, et que, par sa volonté et son autorité absolue, il abolisse le crime et la peine par des motifs qui lui font préférer l'impunité à la punition, comme par le mérite du criminel sur la considération qu'il a pour sa famille, ou par d'autres vues, dont il ne doit rendre compte qu'à Dieu seul... (*Le Droit public*, L. III, *in fine*). »

Si l'on se reporte à la « Pratique judiciaire », par Jean Imbert, lieutenant criminel au siège de Fontenay-le-Comte (ch. xvii)[1], on voit qu'avant 1670 le roi était tout puissant pour pardonner : la sanction des Cours était une pure formalité la plupart du temps.

L'abus se continua malgré l'ordonnance de 1670, ce qui fut cause que le principe de pardon dispa-

---

1. Voir 1re partie, *Du Pardon*, § 2.

rut dans la législation moderne, du moins en France.

C'est une lacune regrettable. Déjà la sévérité de nos lois pénales a été tempérée par l'admission des circonstances atténuantes en 1832, mais cet adoucissement n'est plus suffisant.

Le pardon, qui efface toute trace de la faute, permettrait à l'homme repentant de rentrer dans la bonne voie et de réparer la défaillance d'un moment. C'était une loi digne des doctrines philosophiques les plus élevées : elle doit reparaître dans nos Codes, puisque l'arbitraire n'est plus à craindre.

Les Anglais nous ont donné l'exemple : cette loi, chez eux, est vivante, et personne ne se plaint de la voir appliquer toutes les fois que le magistrat se trouve en face d'un coupable repentant.

Cette indulgence ne désarme pas la société; car l'homme pardonné, s'il commet une nouvelle faute, est puni comme *récidiviste*[1].

Nous laisserons de côté les jugements par défaut pour arriver de suite à un chapitre qui a son intérêt, puisqu'il est le tableau saisissant des mœurs judiciaires au xvii° siècle : la *Question* et la *Torture*.

Ce titre, le XIXᵉ, est composé de douze articles

1. Voir 1ʳᵉ partie, *Du Pardon*, § 3.

dont la lecture seule est suffisante pour étonner les esprits les moins prévenus.

On se demande comment, à deux siècles d'intervalle, la civilisation pouvait être assez attardée pour admettre une législation aussi cruelle, alors que le génie du progrès s'éveillait sous les formes les plus variées et qu'il avait pour disciples des hommes portant les noms comme ceux qui illustrèrent l'époque de Louis XIV.

Non seulement la question était appliquée avec la cruauté la plus raffinée, mais elle frappait indistinctement l'innocent et le coupable.

Pour les crimes entraînant la peine de mort (et ils étaient nombreux), la preuve était-elle insuffisante malgré toutes les ressources de cette instruction secrète que nous examinions tout à l'heure, l'accusé était appliqué à la question.

Si la douleur lui arrachait un aveu, il était loisible aux commissaires « de faire modérer et relâcher une partie des rigueurs de la question »; le patient revenait-il sur son aveu, les commissaires pouvaient le faire remettre dans les mêmes rigueurs; « mais s'il a esté délié, ajoute l'article 10, et entièrement osté de la question, il ne pourra plus y être remis ».

Quel temps! Quelles mœurs! On voit d'ici cette lutte entre le bourreau et la victime.

Celle-ci garde le silence, les tortures augmentent (et ces tortures c'étaient le chevalet, les coins, l'eau entonnée par quantités considérables, les brasiers ardents); l'accusé parle, le supplice est *modéré;* l'angoisse passée, le malheureux retire l'aveu que lui arrachait la douleur, la question recommence.

Comment résister à cet ennemi impitoyable !

Cependant des accusés luttaient jusqu'au bout; les membres brisés, ils étaient enlevés du chevalet et jetés de nouveau dans la prison. Mais ils ne sortaient pas toujours indemnes, malgré l'absence des aveux.

« Les juges, dit l'article 2, pourront aussi arrester que, nonobstant la condamnation à la question, les preuves subsisteront en leur entier, pour pouvoir condamner l'accusé à toutes sortes de peines pécuniaires ou afflictives, excepté toutefois celle de la mort, à laquelle l'accusé qui aura souffert la question sans rien avouer, ne pourra être condamné, si ce n'est qu'il survienne de nouvelles preuves depuis la question. »

Il est vrai que ces nouvelles preuves, si elles entraînent la condamnation à mort, ne permettent pas d'appliquer une seconde fois la question (art. 12); mais il s'agit là de la question *préparatoire.* Car, « par le jugement de mort il pourra estre ordonné que le condamné sera préalablement appliqué à la question, pour avoir révélation des complices (art. 3) ».

Ce supplément de cruauté s'appelle la question

définitive ou *préalable*. Elle précédait les supplices qui devaient terminer cette douloureuse agonie et la compléter ; ces supplices, c'étaient la roue, le bûcher, le plomb fondu, l'écartèlement par les chevaux, et tant d'autres inventions dignes des peuples les plus barbares.

Damiens, en 1757, pour ne citer que celui-là, fut écartelé en place de Grève ; trente ans avant la Révolution !

Enfin, les juges pouvaient rendre un arrêt de plus *amplement informé,* ce qui permettait de reprendre les poursuites plus tard et de conserver l'accusé en prison.

Tel est, en peu de mots, le tableau des tortures qui étaient appliquées *de par le roi* sous Louis XIV.

Nous pourrons examiner, en lisant les Codes modernes, si l'instruction (sauf la Question bien entendu) a fait de grands progrès depuis le XVIIe siècle, ou si elle n'est pas arriérée comme sa devancière.

Il est est si difficile d'arriver, non pas à la perfection, mais soulement à la modération, dans les lois criminelles.

« C'est une vérité désolante, dit Henrion de Pansey, mais c'est la vérité ; il y a, par les actions des choses, un arbitraire inséparable de l'application des lois criminelles ; et, tout ce que peut faire le génie du législateur, c'est d'établir des règles

à l'aide desquelles le juge approche de la vérité
le plus près qu'il est possible..... *(De l'autorité
judiciaire,* ch. xxv.) »

Revenons à l'ordonnance de 1670. Il ne faut
pas laisser passer le titre XXII sans relever un
détail étrange.

Ce n'était pas assez de torturer les vivants; la
mort elle-même ne mettait pas un homme à l'abri
des poursuites.

« Le procès ne pourra estre fait au cadavre,
ou à la mémoire du défunct, si ce n'est pour crime
de lèze-majesté divine ou humaine, dans les cas
où il écheoit de faire le procès aux défuncts ; duel,
homicide de soy-même, ou rébellion à justice avec
force ouverte, dans la rencontre de laquelle il aura
esté tué (art. 1er). »

Et pour soutenir ce procès, le juge nommait
d'office un « Curateur au cadavre du défunt » :
ce curateur assistait à l'audience « debout seulement et non sur la sellette. » Il pouvait interjeter
appel de la sentence « et même être obligé par
quelqu'un des parens, lequel en ce cas sera tenu
d'avancer les frais (art. 4). »

Les derniers chapitres ayant rapport aux appels et aux faits justificatifs ne donneraient pas

des détails nouveaux : il n'est donc pas utile de s'y arrêter.

En résumé, l'ordonnance de 1670, pâle imitation de l'ordonnance de 1539, n'apporte aucun changement favorable dans l'administration de la justice : c'est un pas en arrière.

Un siècle s'est écoulé, et aucune amélioration ne vient adoucir les rigueurs des lois pénales.

Plus nous avançons vers la fin du XVIIIᵉ siècle, plus l'arbitraire l'emporte sur l'équité.

En 1773, un procès qui préoccupa l'attention publique et acquit à la victime la bienveillance des plus grands personnages de l'époque nous dépeint bien l'état du Palais sous Louis XV, et, à un point de vue plus spécial, reproduit les différentes procédures exigées par l'ordonnance de 1670.

Un mot sur cette affaire ne sera donc pas déplacé ici.

C'est le procès qu'eut à soutenir Beaumarchais, poursuivi sous l'accusation de tentative de corruption vis-à-vis d'un magistrat.

« C'était contro un conseiller du parlement Meaupou qu'il plaidait (M. Goësman). Or le public avait pris parti pour l'ancien parlement, dont il regrettait l'indépendance comme un contre-poids au pouvoir de la couronne et à l'arbitraire ministériel.

» Beaumarchais arrivait au milieu de la lutte,

et, accusant de corruption un membre de la nouvelle magistrature, se trouva donc servir à souhait
la rancune publique ; et, aidé par cette disposition des esprits, il couvrit de ridicule ses juges et
son adversaire..... *(Préface historique sur Beaumarchais,* édition de 1829.) »

De la plume qui devait écrire deux ans plus
tard le *Barbier de Séville,* naquit une suite de
mémoires pour éclairer les juges.

Nous ne pouvons pas nous arrêter et retracer
cette longue lutte dans laquelle Beaumarchais
déployait tant de verve, d'esprit et aussi de pro-
fonde sagacité, mais il nous sera bien permis au
moins d'indiquer quelques-uns de ces passages
et principalement ceux qui rappellent la procédure de 1670.

Voici par exemple l'article 16 du titre XXV
(confrontation des témoins), mis en pratique par
le conseiller-commissaire.

Madame Goësman est confrontée avec l'accusé,
et Beaumarchais raconte lui-même la scène.

« ..... Le greffier lit mes interrogatoires et ré-
colements, après lesquels on demande à madame
Goësman si elle a quelques observations à faire
sur ce qu'elle vient d'entendre : « Ma foi non,
» Monsieur, répond-elle en souriant au magistrat ;
» que voulez-vous que je dise à tout ce fatras de
» bêtises ? Il faut que Monsieur ait bien du temps
» à perdre pour avoir fait écrire autant de pla-

» titudes. » Je ne fus pas fâché de la voir un peu
adoucie sur mon compte, car enfin des bêtises ne
sont pas des atrocités. « Faites vos interpellations,
» Madame, lui dit le conseiller-commissaire. Je
» suis obligé de *vous prévenir qu'après ce moment*
» *il ne sera plus temps.* — Eh mais ! sur quoi,
» Monsieur ? Je ne vois pas, moi..... Ah !.... Ecri-
» vez qu'en général toutes les réponses de Mon-
» sieur sont fausses et suggérées. »

« Je souriais. Elle voulut en avoir la raison.'—
» C'est, Madame, qu'à votre exclamation j'ai bien
» jugé que vous vous rappeliez subitement cette
» partie de votre leçon, mais vous auriez pu l'ap-
» pliquer plus heureusement..... » *(Supplément
au Mémoire à consulter)*.

Dans le quatrième Mémoire, Beaumarchais se
prétend insulté par le président Nicolaï et veut
porter plainte contre ce magistrat; il demande au
Parlement de commettre un avocat pour signer sa
requête.

Ecoutez cette leçon qu'il donne à ses juges :
« On m'assure que je ne l'obtiendrai pas; mais
cela ne peut être. En posant ainsi des bornes ar-
bitraires à tout, en étendant ou resserrant les
droits de chacun au gré des considérations particulières, que restera-t-il de certain ? Les tribunaux ne connaîtraient plus l'étendue de leur ressort, ni les citoyens celle de leur liberté. Le
désordre et la confusion servant de base à tout,

le despotisme oriental serait moins dangereux qu'une pareille anarchie. Si au lieu d'être froids sur les contestations, comme la loi dont ils sont les organes, les magistrats, plus animés de l'esprit de corps que de celui de la justice qu'ils nous doivent, foulaient aux pieds le droit des citoyens, ou le système d'un telle législation serait mauvais, ou il faudrait un tribunal supérieur aux Cours souveraines auquel chaque citoyen eût droit de porter sa juste plainte..... »

Beaumarchais n'en fut pas moins condamné par un jugement du 26 février 1774.

Il avait la consolation de ne pas être considéré comme le seul coupable, car la propre femme du conseiller Goësman fut sacrifiée pour sauver l'honneur de son mari, et frappée par la même sentence.

Dans l'arrêt personne n'est épargné, pas même les avocats.

« La Cour, toutes les Chambres assemblées, faisant droit sur le tout pour les cas résultant du procès, condamne Gabrielle-Julie Jamart, femme de Louis-Valentin Goësman, à être mandée à la Chambre pour, étant à genoux, y être blâmée ; la condamne en outre en trois livres d'amende envers le roi, à prendre sur ses biens ; sans s'arrêter ni avoir égard à la requête de Pierre-Augustin Caron de Beaumarchais, et faisant droit sur les conclusions du procureur général du roi, ordonne que ladite Gabrielle-Julie Jamart sera tenue, même par corps, de rendre et restituer la somme de 360 livres par elle reçue de Edme-Jean Lejay (c'était le prix de la corruption), pour être ladite somme appliquée au pain des prisonniers de la conciergerie du Palais; condamne pareillement Pierre-Auguste Caron de Beaumarchais à être mandé à la Chambre pour, étant à genoux, y être blâmé; le condamne en outre en trois livres d'amende envers le roi, à prendre sur ses biens; faisant droit sur la plainte du procureur général du roi, reçue et jointe au procès, par arrêt de la Cour du 18 février présent mois, ensemble sur ses conclusions; ordonne que les quatre Mémoires imprimés en 1773 et 1774..... seront lacérés et brûlés au pied du grand escalier du Palais par l'exécuteur de la haute justice comme contenant des expressions et imputations téméraires, scandaleuses et injurieuses à la magistrature en général, à aucun de ses membres, et diffamatoires envers différents particuliers;..... comme aussi fait défense à Bidaut, Adder et Malbeste, avocats, de plus à l'avenir autoriser de pareils Mémoires par leurs consultations et signatures..... »

Le jugement ne fut pas exécuté vis-à-vis de Beaumarchais, tant fut grande la réprobation publique contre la sentence du Parlement.

Les plus grands seigneurs, le prince de Conti lui-même, de sang royal, tinrent à honneur de donner au condamné des témoignages de leur estime.

Louis XV, peu de temps après, le désignait pour une mission importante; enfin Louis XVI, après lui avoir accordé la même confiance que son prédécesseur, l'autorisait à former la demande de rétractation du jugement par voie de requête civile, bien que les délais fussent expirés, et l'an-

cien Parlement qui avait remplacé les premiers
juges de Beaumarchais, rendait un arrêt conformé
aux conclusions de l'avocat général Séguier et de
M⁰ Farget, avocat du requérant, arrêt qui annu-
lait le premier jugement.

Dans une dernière requête, nous retrouvons
encore l'ordonnance de 1670 mentionnée comme
procédure : « L'unique objet de cette requête est
d'obtenir aujourd'hui la conversion du décret *d'a-
journement personnel* subsistant contre moi en
un décret d'assigné pour être ouï. L'ordonnance
criminelle de 1670 en admet de trois sortes, qui
doivent se prononcer suivant la nature du délit et
la qualité des personnes ; en sorte que, si la
preuve portée par l'information est légère, ou si
l'accusé est officier public ou distingué par sa
réputation ou sa qualité, ou s'il n'y a contre lui
qu'une accusation d'injure, le juge ne doit décer-
ner un décret ni de prise de corps ni d'ajournement personnel, mais seulement d'assigné pour
être ouï. Les autorités sur cette matière se trouvent
dans le procès-verbal de l'ordonnance de 1670,
sur l'article 3 du titre XXI, page 230..... »

Ces quelques citations prouvent que les lois de
Louis XIV sont encore appliquées dans toutes
leurs rigueurs. Mais l'orage s'accumule, et c'est
en vain que Louis XVI, apercevant trop tard le
danger, va s'efforcer de réparer les fautes de ses
ancêtres, il n'est plus temps.

« Louis XVI, dit Larousse, abolit la question préparatoire en 1780 et la question préalable en 1788. C'était supprimer la clef de voûte de l'ancienne législation criminelle. Cet odieux système était démantelé ; il acheva de disparaître devant les décrets libérateurs de l'Assemblée Constituante. »

Nous examinerons donc ces décrets, si remarquables par leurs idées nouvelles, mais il est à craindre que cette étude ne nous conduise à reconnaître que, si c'était le premier élan d'un peuple qui se sentait libre, toutes les secousses par lesquelles le pays a passé depuis 1789, ont effacé en grande partie les traces de cette législation progressive.

Aujourd'hui nos vœux se bornent à demander que nos législateurs nous rendent des lois qui datent déjà de près d'un siècle, tant nous sommes éloignés du programme libéral que nous avaient légué nospères !

Il est utile, avant d'entrer dans cette étude, de jeter un coup d'œil sur l'état des esprits au xviii° siècle.

Cette déplorable administration de la justice avait éveillé l'attention des philosophes depuis longtemps, mais c'est de l'Italie que devait partir le signal des réformes.

Elle avait été le berceau de la Renaissance ; c'était encore elle qui faisait entendre le premier cri d'alarme contre les usages barbares de nos lois pénales.

En 1674, le marquis César Beccaria Bonesana publiait à Milan son livre *Dei Delitti e delle Pene,* qui devint la base du nouvel édifice.

« Brissot de Warville et Diderot se firent les annotateurs de la traduction française, assez inexacte d'ailleurs, que l'abbé Morellet entreprit sur les instances de M. de Malesherbes. Voltaire écrivit à la suite un commentaire étendu. Enfin, l'histoire a considéré cette publication comme un événement, et elle l'a consignée dans ses annales. (Beccaria, Introduction par M. Faustin-Hélie). » C'était une entreprise hardie[1], mais Beccaria ne recula pas et les premières lignes de sa préface sont d'une franchise qui pouvait être dangereuse à cette époque d'autorité despotique.

« Quelques débris de la législation d'un ancien peuple conquérant, compilés par l'ordre d'un prince qui régnait il y a douze siècles à Constantinople, mêlés ensuite avec les usages des Lombards, et ensevelis dans un fatras volumineux de commentaires obscurs, forment ce vieil amas

---

1. « J'aurais tout à craindre si ces petits tyrans s'avisaient jamais de lire mon livre et de l'entendre, mais les tyrans ne lisent pas. (Beccaria, § 4.)»

d'opinions qu'une grande partie de l'Europe a ho-
norées du nom de Lois; et, aujourd'hui même, le
préjugé de la routine, aussi funeste qu'il est général, fait qu'une opinion de Carpzovius, un vieil
usage indiqué par Clarus, un supplice imaginé
avec une barbare complaisance par Farinacius,
sont les règles que suivent froidement ces hommes
qui devraient trembler lorsqu'ils décident de la
vie et de la fortune de leurs concitoyens... »

Quelle noblesse de langage et que nous sommes
loin des observations du conseiller Pussort luttant
contre la conscience du président de la Moignon!

Aussi ce cri d'indignation ne devait-il pas rester
sans échos en France.

A peine connu, le traité des Délits et des Peines
trouvait de puissants auxiliaires dans les philosophes français, et Voltaire se révoltait en voyant
que la justice restait sourde à cet appel.

« J'étais plein de la lecture dû petit livre des
Délits et des Peines, qui est en morale ce que
sont en médecine le peu de remède dont nos maux
pourraient être soulagés. Je me flattais que cet
ouvrage adoucirait ce qui reste de barbare dans
la jurisprudence de tant de nations; j'espérais
quelque réforme dans le genre humain, lorsqu'on
m'apprit qu'on venait de pendre, dans une province, une fille de dix-huit ans, belle et bien faite,
qui avait des talents utiles, et qui était d'une très
honnête famille... » (Elle avait abandonné son

enfant.). « ... La véritable jurisprudence est d'empêcher les délits et non de donner la mort à un sexe faible, quand il est évident que sa faute n'a pas été accompagnée de malice et qu'elle a coûté à son cœur.

» Assurez, autant que vous le pouvez, une ressource à quiconque sera tenté de mal faire et vous aurez moins à punir. »

Comme on sent que les temps de rénovation sont proches !

Nous allons voir avec quel mépris ces grandes autorités ne craignent pas de traiter les ordonnances royales, avec quel dédain elles flétrissent toute cette organisation judiciaire que nous étudiions il y a un instant.

C'est qu'elles avaient pour elles la conscience publique : aussi, lorsque l'heure eut sonné, il ne fallut qu'un jour pour renverser le vieil édifice de la royauté !

Quel sujet tentant pour une plume plus exercée que celle-ci, que le parallèle à établir entre le philosophe italien et le philosophe français discutant cette question humanitaire !

Sans essayer d'entreprendre cette tâche difficile, il nous faut cependant parcourir quelques passages de ces livres qui ont guidé nos législateurs modernes dès leurs premiers pas, et la communauté d'idées que nous retrouverons entre

15

Beccaria et Voltaire prouvera une fois de plus que l'ancien régime avait vécu.

S'agit-il par exemple de la modération des peines?

« Pour que le châtiment produise l'effet que l'on doit en attendre, dit Beccaria, il suffit que le mal qu'il cause surpasse le bien que le coupable a retiré du crime. Encore doit-on compter comme partie du châtiment les terreurs qui précèdent l'exécution et la perte des avantages que le crime devait produire. Toute sévérité qui passe ces limites devient superflue et par conséquent tyrannique. »

Et Voltaire de s'écrier : « L'auteur humain des délits et des peines n'a que trop raison de se plaindre que la punition soit trop souvent au-dessus du crime et quelquefois pernicieuse à l'état, dont elle doit faire l'avantage.

Les supplices recherchés dans lesquels on voit que l'esprit humain s'est épuisé à rendre la mort affreuse semblent plutôt inventés par la tyrannie que par la justice. »

On sait avec quelle complaisance l'ordonnance de 1670 s'étendait sur les tortures qui devaient précéder la mort du condamné et sur l'exécution capitale elle-même.

Beccaria dénonce publiquement l'emploi des tortures comme un usage odieux : « Cet infâme moyen de découvrir la vérité est un monument de la barbare législation de nos pères, qui honoraient du nom de *jugements de Dieu* les épreuves du feu, celles de l'eau bouillante, et le sort incertain des combats. Ils s'imaginaient, dans un orgueil stupide, que Dieu, sans cesse occupé des querelles humaines, interrompait à chaque instant le cours éternel de la nature pour juger des procès absurdes ou frivoles..... (§ XII). »

Il va plus loin et ne craint pas d'amener la discussion sur un terrain plus élevé : « Qui peut avoir donné à des hommes le droit d'égorger leurs semblables ? »

Cette grande question soulevée par lui est loin d'être terminée, et, aujourd'hui même, l'abolition de la peine de mort a trouvé des partisans tels que Guizot, Mittermaïer, Lord John Russel, Jules Simon et tant d'autres !

Mais ceux qui soutiennent l'opinion contraire, à l'exemple de J.-J. Rousseau, de Locke, de Kant, se rapprochent peut-être plus par leurs conclusions de Beccaria lui-même.

Si, en effet, le maître italien pose la question, il se garde bien de la trancher d'une manière définitive et il est obligé de reconnaître que la peine de mort est quelquefois un mal nécessaire. « Sous le régime tranquille des lois, sous une forme de gouvernement approuvée par la nation entière,..... il ne peut y avoir aucune nécessité d'ôter la vie à un citoyen, *à moins que la mort ne soit le seul frein.* capable d'empêcher de nouveaux crimes. »

Voltaire n'ose pas aller plus loin que Beccaria.

« L'épée de la justice est entre nos mains ; mais nous devons plus souvent l'émousser que la rendre plus tranchante. On la porte dans son fourreau devant les rois pour nous avertir de la tirer rarement. »

Ils étaient donc d'accord tous deux pour avouer que la peine de mort était parfois nécessaire.

Avant eux, Montesquieu avait reconnu cette triste nécessité, et son argumentation, que reproduit dans ses savants commentaires M. Faustin-Hélie, sur la peine de mort, est restée dominante pour le maintien de cette peine, argumentation peut-être moins noble que celle de ses adversaires, mais malheureusement plus conforme à la nature humaine.

« C'est une espèce de talion qui fait que la société refuse la sûreté à un citoyen qui en a privé ou a voulu en priver un autre. Cette peine est tirée de la nature de la chose, puisée dans la raison et dans les sources du bien et du mal. Un citoyen mérite la mort lorsqu'il a violé la sûreté au point qu'il l'a ôtée ou qu'il a entrepris de l'ôter. Cette peine de mort est comme le remède de la société malade. (L. XII, ch. IV.) »

Enfin M. Rossi constatant « que la peine de mort est un moyen de justice extrême..... » et qu'il faut tenter de la supprimer « en préparant un état de choses qui rende l'abolition de cette peine compatible avec la sûreté publique et particulière, » nous force à conclure à notre tour que l'opinion des abolitionnistes est une théorie digne des plus grands esprits, mais, qu'au point de vue pratique, on n'a encore rien trouvé pour remplacer la peine de mort.

Il y a des natures qui sont arrivées à un tel degré de perversité qu'elles ne craignent plus que l'échafaud. L'avocat qui a plaidé pendant quelques années devant les Cours d'assises doit avoir sa conviction faite sur ce point.

Il ne faut pas oublier non plus qu'un homme de cœur, frappé dans ses affections les plus chères par le meurtrier, n'hésiterait pas à se venger de sa propre main, si la société se déclarait impuissante et reculait devant l'exécution du coupable.

Ce serait se faire justice soi-même, écueil qu'il faut éviter à tout prix.

Allons plus loin dans la question pratique. Que faire du forçat déjà condamné aux travaux forcés à perpétuité s'il commet un nouvel assassinat? Supprimez la peine capitale et l'impunité lui est assurée !

La peine de mort sera nécessaire tant que la nature humaine aura ses défaillances : c'est dire que cette nécessité durera aussi longtemps que le monde.

Du reste les pays qui ont effacé la peine capi-

tale de leurs Codes l'ont, pour la plupart, rétablie, puis rayée de nouveau, sans pouvoir prendre
un parti définitif ; la Suisse nous fournit cet
exemple.

C'est qu'aux périodes calmes succèdent souvent
des périodes de troubles, et qu'alors l'obligation
de sévir se fait sentir plus visiblement.

Enfin les exécutions sont rares, les circonstances
atténuantes permettant *toujours* aux jurys de ne
pas prononcer une condamnation à mort ; et,
alors même que leur verdict serait impitoyable, le
droit de grâce peut encore être exercé utilement.

En un mot, ceux qui se sont laissé entraîner à
demander l'abolition de cette expiation suprême
ont écouté plutôt leur cœur que la froide raison.
L'indulgence a ses limites et doit faire place à la
sévérité quand la société se trouve menacée dans
ses institutions les plus vitales.

Ces extraits suffisent pour indiquer les principes de réformes judiciaires que voulaient pro-
voquer les philosophes du xviiie siècle.

Voyons maintenant comment les législateurs de
la Révolution ont répondu à ce dernier appel de
Voltaire : « De quelque côté qu'on jette les yeux,
on trouve la contrariété, la dureté, l'incertitude,
l'arbitraire. Nous cherchons dans ce siècle à tout
perfectionner ; cherchons donc à perfectionner les
lois dont nos vies et nos fortunes dépendent. »

Le guide le plus utile à consulter pour étudier les décrets de l'Assemblée nationale est peut-être le *Moniteur universel* de l'époque. Sa rédaction non seulement est exacte et impartiale, mais elle reproduit la discussion avec toutes les luttes de la tribune.

Grâce à ces documents, il est facile d'examiner le décret du 3 octobre 1789 : c'est la première loi votée par l'Assemblée dans le but de renverser l'ancienne législation.

C'est elle qui devait effacer les articles les plus odieux de l'ordonnance de 1670.

Dès les premiers pas, on reconnaît l'influence de l'ordonnance de Louis XIV sur toutes les réformes qui vont se succéder.

Avant même 1789, Louis XVI, comme nous l'avons dit plus haut, essayait quelques modifications. Mais il ne faut pas croire que ces premières concessions furent accordées sans une vive résistance.

Elles sont curieuses à citer, parce qu'elles sont, pour ainsi dire, la préface du Nouveau Code.

Depuis plusieurs années déjà, le Parlement était en guerre ouverte avec le roi.

Les *remontrances* de la magistrature blessaient profondément l'orgueil des ministres, et l'une d'elles entraîna même l'arrestation en plein Parlement de deux conseillers, MM. Duval d'Éprémenil et Goislard de Montsabert.

Le capitaine aux gardes françaises d'Agoust, pénétrant dans la grand'chambre, les arrachait de leurs bancs fleurdelisés, malgré la noble résistance de leurs collègues qui refusèrent de donner les noms désignés dans la lettre de cachet.

C'était le 6 mars 1788. Deux jours après, Louis XVI tenait à Versailles un lit de justice et l'ouvrait par un discours dont voici les premiers mots :

« Il n'est point d'écart auquel mon Parlement de Paris ne se soit livré depuis une année..... Il en résulte que les lois intéressantes et désirées ne sont pas généralement exécutées..... Je veux convertir un moment de crise en une époque salutaire pour mes sujets ; commencer la réformation de l'ordre judiciaire par celle des tribunaux qui en doit être la base..... »

Comme réforme immédiate le garde des sceaux annonçait les déclarations du roi relatives en partie à l'ordonnance criminelle.

Un mois de surséance était accordé pour l'exécution de tous les arrêts de mort (hors le cas d'émeute et de rébellion) ; dans tous les procès, les jugements devaient être motivés ; les accusés dont l'innocence était prouvée devaient être dédommagés par un jugement d'absolution ; la question préalable était abolie.

Notons, en passant, un des considérants qui déterminent le roi à supprimer la question.

« Sa Majesté a considéré que la loi réprouvait elle-même ce cruel moyen de découvrir la vérité;..... enfin qu'il suffirait que l'utilité et la nécessité de la question préalable fussent contestées par *tant de réclamations,* pour que le législateur dût essayer un autre moyen d'obtenir des coupables la révélation de leurs complices. »

Nous sommes en 1788, et le livre de Beccaria avait paru en 1764 : ces *réclamations* si nombreuses, c'était les clameurs d'indignation qu'il fallait bien entendre puisque le Parlement lui-même se révoltait contre l'autorité royale !

La déclaration de Louis XVI sur l'ordonnance criminelle est trop importante pour la négliger et ne pas citer au moins en son entier le passage qui a rapport à l'ordonnance de 1670.

« ..... Lorsque Louis XIV, de glorieuse mémoire, voulut donner à ses tribunaux le Code qui règle encore aujourd'hui leurs jugements en matière criminelle, il fit précéder cet acte mémorable de sa sagesse par des conférences solennelles; et, après s'être éclairé, par les conseils des magistrats les plus recommandables de la nation, il publia son ordonnance de mil six cent soixante et dix.

» Malgré les précautions si dignes de concilier à cette loi le suffrage universel, nous ne saurions nous dissimuler qu'en conservant le plus grand nombre de ses dispositions, nous pouvons en

changer avantageusement plusieurs articles principaux, et la réformer sans l'abolir. Nous avons
donc considéré que ces commissaires eux-mêmes
n'ont pu tout prévoir, en débrouillant le chaos de
la jurisprudence criminelle; que les procès-verbaux de leurs conférences attestent qu'ils furent
souvent divisés sur des points importants, et que
la décision ne parut pas confirmer toujours les
avis les plus sages; que depuis la rédaction de
cette ordonnance le seul progrès des lumières suffirait pour nous inviter à en revoir attentivement
les dispositions et à les rapprocher de cette *raison
publique* au niveau de laquelle nous voulons mettre
nos lois; enfin que le temps lui-même a pu introduire ou dévoiler, dans l'exécution de l'ordonnance
criminelle, des abus essentiels à réformer; et, à
l'exemple des législateurs de l'antiquité, dont la
sagesse bornait l'autorité de leur Code à une période de cent années, afin qu'après cette épreuve
la nation pût juger les lois, nous avons observé
que, ce terme étant maintenant expiré, nous de-
vions soumettre à une révision générale cette
même ordonnance criminelle qui a subi le jugement d'un siècle révolu..... *(Moniteur.* Introduction, p. 311). »

On excusera la longueur de cette citation : elle
peint si bien cette époque tourmentée qu'il eût
été regrettable de la laisser dans l'ombre.

Ce souvenir des divisions qui avaient agité les

conférences du xvıı° siècle et que rappelle le roi,
n'est-il pas l'écho lointain des discussions du président de la Moignon et du conseiller Pussort?....

Mais il faut quitter ce triste spectacle de la
royauté agonisante pour arriver enfin aux œuvres
de la Révolution ; réveil terrible des peuples en-
gourdis par le despotisme, réveil sanglant dans
ses premières convulsions, mais inévitable pour
une nation qui voulait vivre !

Dès le mois de septembre 1789, l'Assemblée
Nationale, sollicitée à plusieurs reprises par les
députations des communes de Paris, avait formé
un comité de sept membres pour présenter de
nouvelles réformes dans la juridiction criminelle.

Le 9 du mois d'octobre parut le décret qui mo-
difiait *provisoirement* la procédure.

On peut critiquer ce décret puisqu'il sort complètement des traditions suivies par nos lois anciennes et actuelles ; on peut le condamner, puisque
les décrets postérieurs l'ont fait disparaître presque
tout entier, mais, pour nous, il restera, quelque
étranges que paraissent certaines de ses formalités, il restera, disons-nous, le modèle le plus
complet et en même temps le plus concis d'une
législation qui veut respecter la liberté individuelle.

Voici quel était l'ensemble de cette nouvelle loi :

« Dans tous les lieux où il y a un ou plusieurs tribunaux établis, dit l'article 1ᵉʳ, la municipalité, et, en cas qu'il n'y ait pas de municipalité, la communauté des habitants nommera un nombre suffisant de notables, eu égard à l'étendue du ressort, parmi lesquels seront pris des adjoints qui assisteront à l'instruction des procès criminels, ainsi qu'il va être dit ci-après. »

Aucune plainte, aucune information ne peuvent être faites sans la présence de deux adjoints ;

Les informations sont dirigées secrètement par un magistrat assisté de deux adjoints qui ont prêté serment de ne pas révéler les secrets de la procédure ;

Les décrets d'ajournement personnel et de prise de corps ne peuvent être prononcés que par trois juges (art. 9) ;

L'accusé décrété de prise de corps a le droit de choisir immédiatement un conseil ;

Ce conseil peut assister à tous les actes de l'instruction (art. 18) qui se fait publiquement, et faire citer tous les témoins qu'il juge utiles ;

Toute condamnation à une peine afflictive et infamante ne doit être prononcée qu'aux deux tiers des voix, et la condamnation à mort ne peut être votée par les juges en dernier ressort qu'aux quatre cinquièmes (art. 25).

Les autres dispositions de l'ordonnance de 1670 sont maintenues jusqu'à nouvel ordre.

En résumé, instruction avec la publicité la plus complète ; jugements sans l'assistance du jury.

Il est certain que cette loi pouvait avoir ses inconvénients, mais elle atteignait un but dont nous sommes encore bien éloignés aujourd'hui, puisque M. Dufaure, le 22 octobre 1878, nommait une commission, et que cette commission, sous la vice-présidence de M. Faustin-Hélie, doit s'occuper, entre autres réformes, de modifier notre procédure actuelle au point de vue de la publicité trop restreinte de l'instruction et de l'absence presque complète de défense au cours de la procédure.

Le seul point à examiner dans le système de 1789 serait de savoir si la fonction de notable (adjoint) est plus absorbante que celle de juré.

Quant à l'application des peines, elle rentrerait complètement dans les mains des magistrats. On n'entendrait plus les plaintes continuelles que soulèvent plus ou moins justement les verdicts des jurys, mais aussi une instruction dirigée avec toutes les garanties que nous venons d'énumérer ne prêterait pas le flanc à la critique et aboutirait rarement à une mise en accusation sans preuves indiscutables.

« Le traité des Délits et des Peines attaque et flétrit successivement l'insuffisance des lois relativement aux détentions préventives, le serment de dire la vérité qui était imposé aux accusés, les interrogatoires suggestifs, espèce de torture morale que les juges faisaient subir aux prévenus, *et qui n'est pas encore peut-être complètement abolie.....* » (C'est M. Faustin-Hélie, un président à la Cour de cassation, qui fait cette allusion à l'instruction actuelle.)

Il ne faut donc pas de prime abord condamner l'esprit du décret de 1789.

D'autres législateurs ont cru mieux faire en instituant le jury; peut-être ont-ils eu raison, et nous reconnaissons volontiers que ce système est un progrès, mais ce qui est incontestable, c'est que les meilleures lois seront toujours celles qui protègeront également et l'accusé et la société qui le poursuit.

Une autre considération avait aussi sa valeur, et c'est dans ces termes que M. de Beaumetz, au nom du comité de jurisprudence criminelle, la soumettait à l'Assemblée le 29 septembre 1789 :

« Les citoyens, accoutumés par cette institution (les notables) à s'associer aux fonctions augustes de la magistrature, s'élèveraient peu à peu au sentiment si utile de leur propre dignité. Ils ne considéreraient plus le droit de punir leurs semblables, ce droit de tous les hommes libres, comme la prérogative d'une caste particulière, ils s'approcheraient peu à peu de cet esprit public si nécessaire à l'établissement du jugement par jurés, établissement qui n'est pas étranger à la France, mais qui, pour renaître dans son climat primitif, exige peut-être plus de mouvement encore dans les esprits que de changement dans les institutions. »

C'était l'essai de ce jury d'accusation admis ensuite par les lois de la République. (Note du *Moniteur*.)

Mais ce Code provisoire ne donnait pas satisfaction à l'état inquiet des esprits.

De tous côtés, des criminalistes tels que M. de Comeyras, avocat au Parlement, M. de Pastoret, maître des requêtes, présentaient chaque jour de nouvelles modifications.

Le docteur Guillotin obtenait, à l'unanimité, le 1er décembre 1789, l'adoption de l'article 1er du nouveau Code pénal, lequel était ainsi conçu :

« Les délits du même genre seront punis par les peines du même genre, quels que soient le rang et l'état du coupable. »

Malgré les travaux immenses qui assiégeaient l'Assemblée Nationale, elle continuait, de son côté, la discussion de l'ordre judiciaire.

L'établissement des jurés était la préoccupation générale.

Il est intéressant de noter quelques discours de députés : ils donneront un aperçu des luttes oratoires de ce temps-là.

Voici un extrait de la séance du 5 avril 1790 :

« ... Pour nous, dit le baron de Jessé, libres maintenant, et qui voulons le demeurer, nous sentirons enfin combien est formidable le droit de juger les hommes. Si le devoir du juge est de poursuivre le citoyen lorsqu'il est coupable, le devoir du législateur est de mettre le juge dans l'impuissance de prévariquer. Il faut que l'homme, qui doit être prosterné devant la loi, soit toujours libre devant l'homme ; ainsi le grand vœu de la société sera accompli. Je conclus à l'adoption des jurés. — ... C'est contre l'impatience du bien et le désir du mieux qu'il faut nous armer, répond le député Prugnon. Un grand homme disait qu'Élisabeth avait dans l'esprit une collection de législateurs : eh bien, quand cette assemblée serait une collection d'*Élisabeth,* encore faudrait-il éviter l'idée ou la chimère de la perfection ; méritons le bel éloge que Tacite donnait à son beau-père Agricola : « Il a vaincu la plus grande difficulté, celle de ne pas outrer la sagesse ». Imitons le conquérant d'Asie[1]... »

Pétion de Villeneuve, comme l'abbé Siéyès, approuve le jury, mais avec des mesures transitoires.

Enfin, dans la séance du 30 avril 1790, après avoir entendu les députés Duport, Barère de

---

1. « ... Le conquérant de la Grande-Bretagne », pour être plus exact.

Vienzac, Garat aîné, Fréteau, Chapelier, Desmeu-
niers, l'Assemblée décide qu'il y aura des jurés
en matière criminelle, mais non en matière civile.

C'était la rupture complète avec l'ancien régime.

Puis vient la grande constitution du 3 septembre 1791, qui publiait en face de l'Europe armée
la « Déclaration des droits de l'homme et du citoyen ».

Citons les articles importants qui ont rapport
au Code criminel : leur clarté permet de les
écrire sans commentaires.

Article 1er du titre préliminaire : « Les hommes
naissent et demeurent libres, et égaux en droit... »

Art. 7. « Nul ne peut être accusé, arrêté ni détenu, que dans les cas déterminés par la loi et selon les formes qu'elle a prescrites... » (C'était
l'abolition des lettres de cachet, le plus odieux
instrument de la Royauté.)

Art. 9. « Tout homme étant présumé innocent
jusqu'à ce qu'il ait été déclaré coupable, s'il est
jugé indispensable de l'arrêter, toute rigueur qui
ne serait pas nécessaire pour s'assurer de sa personne doit être sévèrement réprimée par la loi. »

(Cet article devrait être gravé au fronton de
toutes les maisons de justice.)

Art. 9, ch. v. « En matière criminelle nul citoyen ne peut être jugé que sur une accusation
reçue par des jurés ou décrétée par le Corps légis-

16

latif... Après l'accusation admise, le fait sera reconnu et déclaré par des jurés... »

L'œuvre de destruction s'achevait et la Constitution faisait disparaître les derniers vestiges de l'ordonnance de 1670.

Est-il utile de poursuivre les recherches dans les lois postérieures à 1791 ? Nous ne le pensons pas, car ce serait étendre notre programme dans des proportions trop vastes.

Les lois d'octobre 1791, de brumaire an IV et toutes celles qui les ont suivies, n'ont été que des modifications apportées aux premiers décrets de la Révolution, sans en altérer les principes essentiels.

Ce qui nous importait d'établir, c'était l'influence que l'ordonnance de 1670 avait pu exercer sur les travaux des législateurs de la nouvelle école.

Cette influence n'est plus à prouver : il faut donc s'arrêter à la Constitution de 1791.

Résumons-nous rapidement et voyons quels enseignements l'histoire du droit pénal a donnés dans cette période d'un siècle.

Au point de vue historique, l'ordonnance de 1670 ne laisse qu'un triste souvenir.

Louis XIV avait cru améliorer la législation criminelle ; il fit moins pour la justice que les rois qui l'avaient précédé.

Il reste une trace de l'ordonnance de 1539, par la lutte que François Ier soutint contre le clergé ; on sait gré à saint Louis d'avoir, en 1270, substitué la preuve testimoniale à la preuve par le combat[1] : dans l'ordonnance de 1670, quel progrès pouvons-nous constater ?

Les anciennes procédures sont maintenues dans toutes leurs rigueurs ; les instructions sont secrètes ; l'accusé n'a pas d'avocat ; enfin, les tortures et les supplices sont en pleine faveur.

C'est le règne de l'arbitraire, c'est la tache de ce règne que les historiens ont eu cependant raison d'appeler le siècle de Louis XIV.

Mais cette plaie eut peut-être son utilité ; les aspirations vers les idées de la révolution auraient été moins pressantes si la royauté avait su faire

1. « ... Cette coutume barbare, née dans les forêts de la Germanie, fut à la fin du ve siècle, introduite par les Bourguignons dans la partie orientale de la Gaule, appelée *Bourgogne*. Une loi de l'an 501, publiée par Gondebaud, roi de cette contrée, mit cette coutume en vigueur. (Lex Burgondionum, XLV ; *Recueil des Historiens de France,* tome IV, page 267). Avitus, évêque de Vienne, et dans la suite, Agobard, évêque de Lyon, s'élevèrent sans succès contre les *Jugements de Dieu.* Vers la fin de la seconde race, cette coutume pénétra dans les autres parties de la Gaule, et y fut généralement établie lors des commencements de la troisième... (*Histoire de Paris,* par Dulaure, t. II, p. 218.)»

des concessions; Beccaria et son école auraient gardé le silence, ou, du moins, ne se seraient pas posés en accusateurs, si les lois pénales, en suivant le courant des mœurs, s'étaient adoucies insensiblement.

Malheureusement les transitions douces s'accordent rarement avec la nature humaine.

C'est par secousses que l'homme arrive au progrès; la lutte est toujours violente entre celui qui vient et celui qui s'en va. La civilisation y perd de grands avantages, car les réformes se faisant trop brusquement, il faut des moments de repos, quelquefois de recul, pour acclimater les meilleures idées.

Le décret de 1789 en est une preuve : créé pour être opposé à l'ordonnance de 1670, il devait être exagéré dans le sens contraire; au despotisme il fit succéder l'abus de la liberté en donnant à la fois toutes ces institutions qu'il ne fallait accorder que progressivement.

Le résultat ne se fit pas attendre : il y eût excès, et les gouvernements qui renversèrent la République profitèrent de la faute pour étouffer les germes de liberté qui n'avaient pas encore des racines assez résistantes.

C'est ainsi qu'aujourd'hui les réformes judiciaires vers lesquelles tendent tous les efforts du nouveau gouvernement républicain sont moins libérales que celles dont jouissaient les hommes de 89.

Ce n'est pas une exagération. Nos instructions ne sont-elles pas secrètes comme au temps passé? La défense n'a-t-elle pas les mains liées aussi longtemps qu'il plaît aux juges instructeurs? Enfin les peines ont-elles été adoucies d'une manière sérieuse?

Que demande le ministre de la justice? Plus de liberté dans la défense, moins de sévérité dans le secret.

En admettant qu'il obtienne tout cela, ce progrès sera-t-il supérieur à celui de 1789? Les Chambres laisseront-elles les instructions devenir contradictoires et publiques?

Allons plus loin et supposons que les législateurs reviennent aux libertés de 89.

Un siècle s'est passé!... Avions-nous tort de dire que l'excès arrête quand il ne fait pas reculer le progrès?

Il a été parlé de l'adoucissement des peines. Un dernier mot à ce sujet.

Sur ce point les criminalistes de notre siècle peuvent relever la tête et revendiquer à juste titre la succession de Beccaria.

Dès 1820, Augustin Thierry se plaisait à reconnaître ces tendances libérales :

« Un nouvel esprit semble aujourd'hui naître parmi la classe des jeunes légistes : c'est le véritable esprit des lois, l'esprit de la liberté pure. Longtemps en France les hommes qui pratiquaient la science du droit, ignorèrent la vraie nature et la vraie sanction des droits humains; longtemps les représentants de la justice immuable réglèrent les décisions qu'ils rendaient en son nom sur les volontés capricieuses des puissants ou sur les maximes serviles des docteurs à gages. Cette discordance honteuse va disparaître. Les doctrines qui honorent notre tribune politique sont déjà naturalisées au barreau; de là elles envahiront les bancs des juges, et bientôt le titre social de juristes ne sera plus, comme autrefois, en contradiction avec la réalité de leur caractère; ils seront vraiment des hommes de droit...

» ... Dans l'année 1814 se réveilla tout à coup la Révolution française. Sortie du bourbier de l'Empire, la France libérale reparut aux yeux, brillante et jeune, comme ces villes que nous retrouvons intactes, après des siècles, quand nous avons brisé la couche de lave qui les couvrait.

» L'âme de cette France renaissante passa dans le barreau français et dans les écoles de droit si longtemps sans couleur et sans vie... (*Dix ans d'études historiques.*) »

Mais ces légistes voulaient aller plus loin que leur maître : ils luttaient courageusement pour combler une lacune qu'avaient laissée les philosophes du XVIIIᵉ siècle.

Ceux-ci ne s'étaient occupés que des souffrances physiques; ceux-là avaient en vue un programme plus élevé : nous voulons parler de la moralisation des coupables. Tôt ou tard le succès couronnera l'œuvre.

La loi du 5 juin 1875 est un premier pas, un grand pas dans cette voie : car c'est l'adoption du régime cellulaire, base de la moralisation du prisonnier.

La Société générale des prisons, dans son bulletin de novembre 1878, constate que cette idée humanitaire se propage chez tous les peuples.

« Je désire appeler votre attention, dit M. V. Bournat, avocat à la Cour d'appel de Paris, sur les documents envoyés par le Gouvernement du Japon au Congrès international de Stockholm... Les Japonais ont définitivement adopté l'emprisonnement individuel, pendant le jour et la nuit, et ils ont commencé la transformation de toutes les prisons pour y substituer ce régime au régime démoralisateur de l'emprisonnement en commun. Ils ont fait la première application de l'emprisonnement individuel aux délinquants condamnés pour délits de presse. Ils ont ainsi résolu une question assez vivement controversée en France devant la Chambre des pairs au moment de l'élaboration de la loi présentée par le gouvernement pour la réforme du régime pénitentiaire par l'adoption de l'emprisonnement individuel... (Voir le rapport de

M. Bérenger de la Drôme à la Chambre des pairs)... Les législateurs du Japon ont-ils connu ce rapport? Leur esprit curieux, investigateur, permet de le supposer... » (Il faut ajouter que cet esprit investigateur peut bien avoir trouvé un auxiliaire utile dans le concours du professeur de l'École de droit de Paris, M. Boissonade, que le Gouvernement japonais a mis à la tête de la réforme judiciaire.)

Cette grande réforme s'achèvera donc en France grâce à la patience et à la persévérance de ses partisans : nous leur devrons la diminution du nombre des coupables et, par suite, du nombre des crimes; et, nous éloignant ainsi de plus en plus des législations anciennes, nous approcherons du but qu'assigne Beccaria aux institutions sociales : « la plus grande source de félicité partagée par le plus grand nombre, *la massima felicità divisa sul maggior numero.* »

Déc. 1878.

Fontainebleau. — M. E. Bourges, imp. breveté.

www.ingramcontent.com/pod-product-compliance
Lightning Source LLC
Chambersburg PA
CBHW070516030726
47503CB00004B/1282